U0633354

传统红拳三十六势法

西安红拳文化研究会◎编

王 静 温 搏◎主编

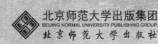

北京师范大学出版集团
BEIJING NORMAL UNIVERSITY PUBLISHING GROUP
北京师范大学出版社

图书在版编目（CIP）数据

传统红拳三十六势法 / 王静，温搏主编. —北京：北京师范大学出版社，2025.3

ISBN 978-7-303-29743-6

I. ①传…　II. ①王…　②温…　III. ①拳术—介绍—陕西　IV. ①G852.19

中国国家版本馆 CIP 数据核字（2023）第 251307 号

CHUANTONG HONGQUAN SANSHILIUSHIFA

出版发行：北京师范大学出版社 https：//www.bnupg.com

北京市西城区新街口外大街 12-3 号

邮政编码：100088

印　刷：	北京盛通印刷股份有限公司
经　销：	全国新华书店
开　本：	787 mm×1092 mm　1/16
印　张：	9
字　数：	150 千字
版　次：	2025 年 3 月第 1 版
印　次：	2025 年 3 月第 1 次印刷
定　价：	36.00 元

策划编辑：王婧凝　焦　静	责任编辑：梁民华　杨磊磊
美术编辑：焦　丽　李向昕	装帧设计：焦　丽　李向昕
责任校对：陈　荟　宋　星	责任印制：赵　龙

西安红拳文化研究会《传统红拳三十六势法》

编纂办公室

主　　任：柴文魁

副 主 任：周润生　程天德

工作人员：顾金祥　唐　宏　张永清　韩兴利

　　　　　梁　军　王　良　李　晴　苏怡霏

编纂委员会

主　　编：王　静　温　搏

副 主 编：柴文魁　程天德

委　　员：周润生　薛崇安　武清江　叶　军

　　　　　梁军安　张庭瑜

动作示范：顾金祥

摄　　影：张永清

封面题字：宫西艺

序

　　应西安体育学院王静教授之邀，为《传统红拳三十六势法》作序，我欣然应允。原因有三点：一是基于对西安红拳文化研究会以及王静等当代陕西武术家数十年矢志不渝投身武术及红拳研究的敬佩；二是出于我本人对红拳这一风格独特的拳种的高度认可；三是我认为《传统红拳三十六势法》一书必将对红拳的发展产生深远影响。

　　红拳以撑补撑斩为其母，以勾挂缠沾为其能，以化身闪绽为其妙，以钻身贴靠、腿法凌厉、刁打巧击为其法，内容丰富、套路繁多、技法全面、德艺并存、享誉武林。但是，长期以来，红拳因其体系庞大而不便于被推广和普及。西安红拳文化研究会组织人员撷取红拳中较具代表性的三十六势法，在继承传统的基础上推陈出新，经过深入研究和实践，将其编串成套路，既有利于习练者对体系庞杂的红拳的学习和掌握，也大大降低了红拳学习的难度，提高了推广和普及的可行性。

　　《传统红拳三十六势法》为武术拳种的传承与发展找到了一条捷径，有利于保护与传承非物质文化遗产。随着该书的出版，红拳，一个源远流长的中华武术拳种，一个把中华优秀传统文化与武技密切结合的武术瑰宝，正在红拳传人的不懈努力下焕发出勃勃生机。

　　是为序。

张山
2023年10月

　　张山，中华武林百杰，中国武术九段，武术国际裁判，现任国家体育总局武术研究院专家委员会主任，历任国家体育运动委员会武术运动管理中心副主任、国家体育运动委员会武术研究院副院长、中国武术协会专职副主席等职。

前　言

　　红拳，不是门派，而是一个地方拳种，主要流传于西北五省份，特别是陕西省。据说红拳是少林拳的分支，但与少林拳风格差异较大。其行拳走势，以"圆"为基，以心意为根，用意不用力，因此又被称为软拳。

　　红拳体系庞大，有一系七拳的说法。七拳分别如下。

　　1. 红拳类，即红拳的本系拳法，有小红、大红、老红、粉红、太祖红、二路红等，是红拳中的软拳类、红拳的根本。

　　2. 炮拳类，是红拳中比较刚烈的一种，有炮捶、提龙炮、四门捶、四把捶等。

　　3. 子拳类，主要是高门红拳的大小子拳、燕青掌等，特别是子拳，就是取意不取形的猴拳。

　　4. 花拳类，主要是红化的外来拳法，有梅花拳（来自梅花拳门）、大花拳、少林八步连环拳。

　　5. 醉拳类，主要是练滚跌败势的打法。

　　6. 通背拳类，主要有以撑补为主的六趟拳、陕西十二路通背等。

　　7. 九拳类，像四究拳、排子手、九拳等，是红拳中包含打法内场最多的拳种，主要是一些打法串子。

　　七拳拳法及器械套路合计一百多种，每种套路都有自己的特点，分别适合不同类型的人练习。

　　套路繁多也给红拳的传承带来了许多问题。每位拳师的特长不同，继承的套路自然不同，而且，哪怕是同一套路，在长期的流传中，由于拳师个人的加加减减，一招一式也会体现出不同的风格特点，即便是同一招式也因理解不同而出现了不同的变化，这就给红拳的推广普及带来了种种障碍。为了解决这一问题，西安红拳文化研究会组织人员，撷取红拳中较具代表性的三十六势法，经过长期科学、深入的研究，将其编串成套路。这一做法为普及红拳打下了良好的基础。

本书最大的亮点是追求继承上的"原汁原味"，无论是手眼身法步，还是心身意念，都是对传统红拳技法的尊重和还原。本书的特点主要有以下三个方面。

1. 囊括了红拳八法之变。

撑、斩、勾、挂、缠、拦、沾、挎，是红拳成拳的根本八法。此八法之合用变化，在本书的三十六势法中都有所体现。最重要的是，八法不仅有所表现，而且结合了手眼身步的变化，充分展现了红拳"贼鬼刁滑、出手见红"的技击要义。在身法上，八法体现了"扯如线蹴如蛋，闪惊巧取不见面"的特点；在手法上，八法将刁打巧击、挂边取中、上下相应、声东击西囊括了进来；在腿法上，八法将跤窍步眼、闪中走边、踢趟挂勾都合在里面，充分展示了传统武术"手打三分脚打七"的特点。

2. 动作采众家之长，规范有序。

本书在编撰过程中汇集了西安市著名的拳师如周润生、王静、薛崇安、武清江、叶军、梁军安、柴文魁等十数人。他们都是西安红拳界有名的大家，都是在红拳技艺上打磨了多年的行家里手，对套路中的一招一式都进行了反复的考证习演，并在西安红拳文化研究会讲武堂对一招一式进行了讨论和修正，力争不失原意，悟其用意，传承真意。

3. 编排中实现了传统技法与现代体育的有机结合。

本书在套路编排上引入了现代武术表演的种种发展优势，加强了对场地的合理利用，使套路行进路线更加丰富、科学，在继承传统、还原武技的基础上增强了套路的观赏性。

书中的示范者是西安市著名老拳师张悦侠先生的弟子，是张先生手把手拨出的架子。他们拳架身软膀灵，腰腿灵活，从小以拳架工整扬名西安武术界，是不可多得的标准拳架。

希望本书能给所有爱好红拳的人以启发。

传统红拳三十六势法

陕西省书法家协会副主席王纲先生为本书题写书名

红拳当代传承人演练传统红拳

撐補鈎掛

閃賺騰挪

祝賀傳統紅拳三十六榜法出版

甲辰春三月 長安羿心書

著名书法家包秉民题词

包秉民(号聱公、四冷堂主人),现任西安书学院副院长,陕西于右任书法学会副会长,陕西省文化交流协会副会长,陕西省文化交流协会书画研究院院长。

目 录

第一部分

理论部分

一、红拳的历史渊源

(一)红拳的源流传说

陕西是中华五千年文化的发源地之一，西安自古是"文武盛地"，历史上曾有十三个王朝在此建都。红拳文化在这片土地上悄悄地生根、发芽，历经王朝更迭、人间兴衰，默默地传承了千年。

红拳属于地方拳种，不是一个门派，主要流传于陕西省内。作为一种地域性拳种，相较于门派，它更具有悠久的历史和兼容并蓄的特点，从西周沣镐盛行的"武舞""角力"，到汉时三辅盛行的"手搏""击剑"，再到兴盛于清咸同年间的"新意红拳"，一路走来的辉煌历史正是这种武文化在三秦大地上从萌芽、完善到兴盛的足迹。

1995 年出版的《陕西省志·体育志》中记载："红拳始于宋末元初，源于陕西一带。西北习拳者常说，'要红了'以示普遍、兴盛、吉祥、鲜艳。因其流传于潼关以西，也称'西家拳'。"

陕西华山一带还流传着宋太祖赵匡胤学红拳于陈抟老祖的传说。红拳本系拳法中也流传有"太祖红拳"一路。

《少林拳法》记载："元时，觉远上人访白玉峰、李叟于宝鸡、兰州，后双双入寺传大小红拳、棍术、擒拿等。"

明清两代是红拳走向兴盛的时期。明代王圻著的《续文献通考》中载十一家拳名，其中"西家"即红拳，其惯用拳势"雀地龙势""裙拦势"等均出自关中方言。戚继光著的《纪效新书》中收录了"太祖红拳三十二势"。戚继光还将红拳作为训练士兵活动手足的必修课目。清代徐珂编的《清稗类钞》中载有大小红拳、关西拳。民间武术界也流传着"东枪西棍关中拳"的说法。

《中国武术史》一书中有"山东冠县人张洛焦述其传承云，其叔张普光学自山西平遥人师来明，师氏于乾隆二十八年(1763年)在陕西周至拜宝鸡人张阳真为师，学得红拳两套，这与红拳出自西北吻合"的考论。

乾隆年间，千邑宋朝佐、凤翔师宝龙、耀州郭崇志、宝鸡张阳真皆是当时的红拳名家。咸同年间，红拳发展到鼎盛时期，代表人物有三原"鹞子高三"(高占魁)、临潼"黑虎邢三"(邢福科)、潼关"饿虎苏三"及关山"通背李四"，时称"三三一四"。他们对红拳进行了规范和整理，并集合四人之长，拿出最能体现自己技击特点和个人较为擅长的五种手法，合辑为"四究拳"，使红拳最终形成了盘、法、势、理俱全的体系，并流传至今。"四究拳"涵盖了四位宗师对于红拳的认识及理解。所以，传"四究"不在于传承套路，而在于开拳明理，入技击之道。

到了近代，红拳一度成为关中人参加革命斗争的重要工具。

辛亥志士井勿幕、胡景翼都是红拳弟子；西北军将领杨虎城自幼习练红拳，并将红拳在西北军中推广；一代红拳大师杨杰先生早年加入同盟会，并在秦陇复汉军东路招讨使张伯英部李仲三师任游击营长；西安市药王洞张鸣岐先生曾在冯玉祥部队教习红拳。

在反帝反封建斗争中，关中的红拳人前仆后继，成为新民主主义革命时期在陕西发展的主要武装力量。影响关中革命至深的渭华起义就有许多红拳弟子参与。

抗日战争期间，红拳弟子抛头颅，洒热血，第二十八军军长赵寿山就从小习练红拳。周至县哑柏镇的拳师"铁胳膊"魏陆杰就是当年东出潼关的义勇军之一，他的家中还有他在战场上缴获的日军指挥刀。

"吼一句秦腔声悠远，耍一手红拳气轩昂。"红拳的传承透射出三秦大地独特的人文精神：因兼容并蓄而融会百家之长，因开放交流而滋生出不同流派。这是秦人千百年来的精神聚合和映照，是关中冷娃铁肩担道义的胆魄和脊梁，是陕西人沿着历史长河一路走来的精气神。

(二)红拳名称的由来

有"陕西红拳活化石"之称的老拳师张悦侠先生说过，红拳取红字象形之意。红拳也称软拳，有"筋不盘软不学艺"的说法，开门入场或走拧腰摆胯老三步，或走身形活泼的马蹄落花步，怎么"别扭"怎么练，在行拳中筋盘骨绕，出手拧裹，有扭捏之态。按张先生的原话就是"扭扭捏捏练拳"，因此取丝扭为偏旁；而套路中又要求势工架正，因此取工通功为立意，所以叫红拳。关于红拳"扭扭捏捏练拳"的说法还有一段故事可以佐证。

当年"鹞子高三"的高徒黄毛王振西在榆林井岳秀部队做教习时，山西一太极名师李公给部队军官传授太极拳。太极拳因有杨露禅在京城打出的无敌名气，影响比红拳大得多。李公又以名家拳法自居，不太看得起没有名气的陕西拳，经常说三道四。久而久之，就有人说到王振西面前。王振西知道这是武行里许多人都有的毛病，心中不快，也不想撕破脸，所以还算相安无事。

有一年蒲城大旱，生活困难，有几名拳师就扎了把子，出去卖武混生活，一路往北，到了榆林，听说王振西在部队做教头，就去拜访了他。王振西资助了几个银洋，并作保让他们在榆林城扎场子卖艺。

有好事的学员跑去给李公说："王教头来了几个乡党，在城里演武，李师你不去看看?"

李公接过话头就说："陕西拳，骡马拳，驴踢马跳，扭扭捏捏，有啥看头!"这话本来也不算错，但这话红拳师自己说可以，别人说，就有了侮辱人的意思。结果那学员听了李公的话，又跑到王振西面前，把李公的原话重复了一遍。

这下就不能善了了。毕竟在军中吃教头饭，自己的拳被人贬成这样，再不出头，谁还跟你学? 王振西就给自己的学员说："你们几个跟我去，今天一定要和李公一决高低。"

说了这话，王振西就带了几个得力弟子去找李公。到那儿后，三句话没说好，王振西就往院子里一站，自己把左手往后一背，右手往前一伸，道："李公，我这陕西拳就是骡马拳，但今天我打你，就出这一只手，我要动了我背后这只手，我就自己撞死在榆林城的钟楼上。"

这话就是要李公发火呢。果然李公当时就发火了，上了台一句话都没说，往前一踏步，一伸手，就来打王振西。

红拳讲究的是啥? 讲究起手就是拦门砍。王振西右步往回一撤，刚刚和左脚撇个齐并齐。这在打斗场上叫半步法，你撇一步，撇远了，对方打不中你，你回手也远了。撇半步，一般就刚刚到对方的极限，你力尽处，就是我力生处，这就是知拍任君斗的知拍。那边李公刚把劲用尽，这边王振西左脚一抬，一个拦门砍踩在李公前腿上，顺势下去，狠劲踏他脚面。李公腿一疼，心神一乱，王振西右手在他肘弯处一拍，顺势弹起，背掌就反打在李公的嘴上。

李公脚面被踩，逃脱不利，一个仰躺下去，当时就没起来。过了半晌起来后，一口血水吐出来，带了四五颗门牙。

丢了人，李公这拳就教不下去了，第二天就辞了教头，带弟子离开了。

(三)红拳的门类

西安作为十三朝的政治经济文化中心，具有各地文化向其集中的优势。这些集中于西安的古文化中就包括武术。八百里秦川造就了陕西人兼容并蓄的气度。文武盛地以一种开放的胸怀迎接它的访客。

自古拳不入陕，入陕必融于红拳。

"八谱六趟二路红"是陕西拳中的三大名拳。然而"八谱"来自山东，"六趟"来自河北，只有"二路红"是土生土长的陕西拳。

红拳宗师"鹞子高三"一生足迹遍及九省，只为求取"出手见红"的一点真经。

"一处投师百处学艺""人投三师武艺高"形象地诠释了八百里秦川关中冷娃在技艺之道上的开放情怀。正是这种情怀，才使红拳融合了"山东的打法、河南的跑法、江南的身法、陕西的刁法"，随着陕西人的步伐，以西安为中心，向全国传扬。

红拳在陇名"高家"，至川称"赵家"，豫洛为"西家"。在陕、甘、宁、青、新、川、鄂、皖、豫、晋十省(区)三十余县市传播开来，千百年来，成为人们与歪风邪气斗争的手段和丰富生活的工具。

一种文化的产生，从无到有，有着漫长的孕育期。

"雀地龙下盘腿法，前揭起后进红拳……"古老的红拳像陕西的四合院，虽沧桑斑驳，但味儿十足。红拳可考证的历史有三百余年，最早的红拳因地域不同而有所区别。早期由于交通不发达，地域流动所限，在陕西境内的红拳分为"关东红拳""关中红拳"和"关西红拳"。由于关中的经济相对发达，因此"关中红拳"的影响相对广泛。

随着经济的发展，交通渐渐便利，文化交流开始频繁，拳术不再以地域来区分，而改为以传承来区分。近代由于"三三一四"将红拳推向鼎盛，因此红拳渐渐分为以高三为宗师的高派、以邢三为宗师的邢派和以苏三为宗师的苏派。其中高派传人众多，流传最广，影响最大；邢派和苏派稍逊之；而"通背李四"由于传人较少，没有形成流派。

到了现代，红拳文化进一步融合发展，渐渐开始以拳法特点为区分标志，最终形成了更为系统、更为科学的分类。

红拳类。它主要由势工架圆柔练的本土红拳构成，其中有小红拳、中红拳、大红拳、老红拳、太祖红拳、太宗红拳、二路红拳、粉红拳、长小红拳、月明红拳、关东红拳、关西红拳等，这些套路是红拳的根本系统，也是红拳作为软拳的特色代表。

炮拳类。它是红拳中比较刚烈的套路，打的是揭抹捅斩一条线、斧头破硬柴的气势，主要套路有炮捶、提龙炮、四门捶，是红拳中打熬筋骨、练就气势的代表套路。

通背拳类。它是红拳中活练身步的拳法，有鹞子入林、虎翻身等。最著名的就是虎翻身，红拳里有"金不换的虎翻身"的说法。

子拳类。它的主要代表是高派红拳中的大小子拳、燕青掌等，手法上勾挂卸手较多，手快腕活。特别是子拳，取其意不取其形，少有其他流派猴拳中挤眉弄眼的猴状。

花拳类。它主要是红化的外来拳法，主要套路有梅花拳、大梨花拳、小梨花拳、花拳、少林八谱、燕青六趟等，因其外来，所以各有特点。

醉拳类。它指的是跃打滚爬、九滚十八跌的地趟败势及跤打拳法，主要用以弥补红拳倒地之缺，从而反败为胜。

九拳类。它是红拳中记录打法内场的拳种，主要是一些打法串子，也被称为排子手，主要拳法有四究拳、通背（李四传）、四排手、八排手、九拳（代表红拳的高级打法传承）。九拳又有高家九拳、邢家九拳、铁靠子九拳、花九拳，四究拳因此也被称为四九拳。

这些拳法套路练起来时而扭扭捏捏，时而迅猛暴烈，时而左冲右撞，时而贼鬼刁滑，不仅具有极高的欣赏价值，而且是极其实用的技击之法。

(四)红拳的现代意义

"龙起龙纵千江水，猛虎打豹虎翻身，梨花闪绽猫扑鼠，花豹打兔鹰抓鸡……"这是红拳四把捶的口札，记录的是拳法的招式和拳意。

老辈人讲，武术乃技击之要领。然而，当我们一面念着口诀，一面练起拳，心中意识随着口诀运转，沸腾出一种意念时，拳已经不仅仅是拳，更是一种文化。

肢体的运动，在此时通于心灵，一种美感由此而生。

"习武有德、练武有法、传承有谱、会意有札……"身体的强健带来内心的强大，武术尤其如此。所以在今天，武术已不再是好勇斗狠的依仗，不再是与人争雄的手段，而是修身养性的一种途径。

生活和文化之间有一条秘密通道，我们必须借人们心中的爱好找到这个通道，并以此来提高自身修养，探究生命的本质或生活的意义。

红拳就是这样一条文化通道。

因此我们要提炼出传统武术中，特别是红拳文化中仁义礼智信的内涵来。我们要"一手伸向传统，一手伸向生活"，将传统的红拳融入今天的生活。

"出身仕汉羽林郎，初随骠骑战渔阳。孰知不向边庭苦，纵死犹闻侠骨香。"(《少年行四首》之二)从王维的诗中，我们可以找到红拳文化所饱含的保家卫国的正能量。"麒麟前殿拜天子，走马西击长城胡。"(《饮马长城窟行》)从王翰的诗中我们似乎可以听到长安古道上的历史的足音。从冷兵器时代血与火的战争中杀伐而出的传统武术，结合中华民族几千年的天人之道，在今天仍然有很强的现实意义。

2014年8月，习近平在看望夏季青年奥林匹克运动会中国体育代表团时指出，尚武精神的大力弘扬，必将助力中国梦的实现。2015年春节前夕，习近平在陕西讲话时指出，要扎实加强文化建设，注重学习和研究历史文化，旗帜鲜明唱响主旋律，繁荣发展文化事业和文化产业，保护好陕西丰厚的历史文化遗产。

　　红拳作为土生土长的陕西传统文化，作为国家级非物质文化遗产，是陕西文化产业发展中不可缺少的一环。在这里，我们不沉迷于武术神话，不沉迷于历史的表面，而是融入情境，怀念先辈，感同身受，理解红拳，进而梳理红拳文化，理解生命的本质。

二、红拳的技术特点

(一)红拳的练习特点

红拳的功法基础就是四个字：扭扭捏捏。红拳有一个招牌动作，叫拧腰摆胯，也叫斜行。红拳练得到不到位，一走这个动作，老师父立刻就能看出。一个人扭着腰，摆着臀走路，那是什么感觉？但红拳的功力就在这扭扭捏捏之中，怎么别扭怎么练。只有做到了这一点，才能腰腿活泼，才能打出最厉害的拳套。

"力圆功轻线为快，形一实二紧相连。审势刁打跤为先，贴身起靠是真传。"这是著名红拳宗师"鹞子高三"传下的口札。四句口札虽然以技击为内容，但是将红拳的练法要求涵盖于其中，可谓提纲挈领。

红拳演练是以红拳本系拳法为根本的。

红拳的本系拳法要求在行拳走势练习中，功架扎到位，用意不用力，动作缓慢，但又不同于太极。在练好本系拳的基础上，各人再根据自己的身体特点，在其他拳法中选择适合自己的拳法，形成个性特点。

红拳演练，无外乎"盘""法""势""理"四字。

1."盘"。

盘功是习练红拳的基本功。红拳门内素有"筋不盘软不学艺"的说法。一个"盘"字提炼出了红拳的演练特点。

盘是软体动物的特点，因此红拳又被称为软拳。

红拳里有一套基本功训练方法叫"十大盘"，是高派红拳最具特色的训练方式之一。"十大盘"一共有十组动作，分别是：霸王举鼎、撑补势、力推泰山、千把攥、孤雁盘翅、雀地龙、燕子嘁泥、靖王托塔、魁星踢斗、朝天蹬。

练习"十大盘"的时候越慢越好。"动长肌肉静生筋",这种介于动静之间的训练方式是红拳抻筋拔骨的练习方法,也是红拳强壮筋膜的方法。

虽然有"十大盘"作为入门基础,但是并非练好"十大盘"就够了,这个盘功要贯穿所有红拳套路。

红拳也叫慢拳,就是因为拳师在行拳过程中,招招要有盘意,势势要盘到位。过去娃娃们开始练拳,师父在旁边点拨,说得最多的一句话是"慢点,甭急,把势扎到再往后走(走下一式)"。所以红拳门里练拳也不叫练拳,而叫盘拳,就是取意于此。只有盘功上身,盘成习惯后,才可熟能生巧,巧而生快。所以,开始练拳时一定要慢、要盘,将拳势扎到位后,再提速。

因此,红拳练习的第一个特点就是"势势须有盘意,盘法贯彻始终"。

2."法"。

"法"有练法,有打法。

先说练法。武术演练无非手、眼、身、法、步,这在众多武术著作中都有阐述。但红拳里除了手、眼、身、法、步外,还有对应的五个字——心、神、意、念、足。

"心到手至,神注眼至,意动身行,念兴法随,足动步发"便是红拳练习的总体要求,下面从手、眼、身、法、步五个方面一一论述。

(1)手。

手法(包含腿法,腿是下手)是指近身实战攻防变化的技法法则,实战训练时叫"打手"。红拳的手法以撑、斩、勾、挂、缠、拦、沾、挎八法为纲,其中撑、斩为母,勾、挂为能,缠、拦为进,沾、挎为用。腿法有三高六低,活泼为能,缠背为用。

练拳时,手法也有具体要求,即膀活、肘坠、腕抖,想象着手臂是个鞭子,拳头是挂在绳上的疙瘩,出手是"甩"出去的、"丢"出去的。这些是红拳手法的基本要领和要求。

拳谚讲,"手是两扇门,全凭腿打人"。红拳腿法主要包括攻击头面的挂面腿(里合腿)和飞燕腿(外摆腿),攻击后脑的背剑腿(外侧腿),攻击腰肋的挎剑腿、跟子腿、肋里塞车腿,攻击下腹的撩阴腿、磨盘腿,以及攻击下三路(膝、胫、足)的砍子腿、蒲蓝腿(扫腿)等。此外,美女照镜腿、蝎子卷尾腿、懒龙卧道腿和兔儿蹬鹰腿属于出其不意的鬼腿法。还有由二起腿、旋风腿、饿马奔槽、腾空双飞燕、腾空侧踹等组成的腾空腿法和由金锁银扣腿、金绞剪腿、黑驴滚毡、乌龙绞柱等组成的地躺腿法，等等。

腿法和手法一样，讲究的是胯要活、膝要扣、踝要抖。同样地，腿像鞭绳，脚也要有"甩"出去、"丢"出去的感觉。只有在盘的巧练过程中，加上这种"甩"与"丢"的感觉，才能耍出一套活泛的拳路。

因此，红拳练拳的第二个特点就是"手足便活"。

（2）眼。

说一个人的拳打得"神气"，这个"神气"，就在于眼神上。练拳都讲眼随手走，手到眼到。"鸡腿龙身虎豹头"，这个"虎豹头"是什么意思？虎豹我们不常见，我们可以看看狗和猫。它们平时懒洋洋地卧着，突然听到动静，就噌地一下抬起头，耳朵灵敏起来，眼睛瞪得溜圆，机警地看着声音发出的方向。"忽灵"就是这个意思。

所以眼就在于"机警"二字，就在于"忽灵"要意。红拳是有真实的技击内涵的，因此眼随手走不是机械跟随，而是注神的意思，就是注意力的变换带着眼神的机警与忽灵。

但是也要注意，不能为了机警而机警，为了忽灵而忽灵。红拳不是一种表演，要体现出技击内涵。眼前无人似有人，眼睛要时刻注神于虚拟中对手的方向。

因此，红拳练习的第三个特点就是"眼前无人似有人"。

（3）身。

"鸡腿龙身"，龙身就是红拳对身法的要求。

什么是龙身？龙，可大可小，可显可隐，显则游于九天之上，隐则伏于幽泉之下。

红拳讲究"扯如线，蹴如蛋"，化身为奇。

什么是化身？在技击中，化身指的是身形走化。具体到红拳的练法，就是拳路中的侧身换膀、拧腰摴胯、涮腰活肩、扁身雀势。

身法练习的基本功，有拧腰摆胯的老三步，有涮腰活肩的燕子嗛泥，有高低起伏的雀地龙，这些都需要从拳套中摘出来单练。

身法训练要注意四个部位。

第一个是膀眼。

膀眼要活，这个"活"不仅是灵活的意思。过去老拳师常讲，膀眼活的人手比别人长九寸，就是红拳练肩膀，不仅是转活，还讲"一膀三探"，就是打拳出去，肩要往前用力探，这样肩关节才能打开，自然灵活。而且长期探肩，能使肩膀与大臂浑然一体。

人体跟机械不同，动作的产生是肌肉同神经配合的结果。因此，练拳是一个将肌肉同神经更和谐地结合的过程。所以，"合从开中取，松从紧中来，刚从柔中生，虚实互变中"。练拳是一个带着辩证学的过程。

第二个是胯。

开胯在于一个"扣"字，在于臀部的敛与泛，在于身体随步法拧转。

开胯，要先紧后松。开始练习时，下势要低，拧转要尽力，时间长了，一些平常锻炼不到的地方就会变得有力，然后随着习惯的养成，再放松身体，让肌肉顺随，周身一致。

第三个，也是最关键的部位，是腰。

龙身的关键点也是腰。龙身是什么？龙身就是蛇身。蛇无足而行，靠的是什么，就是肌肉拧转的蜿蜒力量。

在盘拳由慢练到精熟的过程中，每天可以抽出一段时间，专门用心感受一下一招一式中腰部蜿蜒拧转的过程。这个过程要求紧而不松。高派红拳在练拳过程中有一个提劲，就在腰腹间。等提劲成为习惯，腰部的力量自然就会出来。

第四个是腿。

讲身法讲到腿，是不是有些奇怪？

其实也不奇怪，因为身为拳之根，而身是通过腿接地的，所以身法变化就离不开腿的支撑及变化。高家拳讲腰腿灵活，南拳讲腰马（腿）合一。腿上无力，身法无根，则拳脚无力。

腿上的功夫在于一个"稳"字。而稳，就在于弓马扎牢，在于下盘稳固。所以仆步要低，盘步要紧，马步要平，弓步要韧。

因此，红拳练习的第四个特点就是"膀要探、身要拧、劲要提、步要稳"。

（4）法。

手、眼、身、法、步中的法，不是练法或打法的法，而是法则的法。这是源于技击而又不同于技击的东西。

二人斗拳，如两兵相交，敌为攻，我为守，或我为攻，敌为守。拳法套路就是攻守之道，有许多共性的东西，被固化出来，就是法。比如，咏春拳的守中用中。

红拳的演练要遵循的法则有很多，详细的需要师父一一拨正。这里摘取几个基本法则。

第一，高不过眉，低不过膝。手往上无论是格挡还是架领，都不能高过眉毛，不然容易露膛，被对手攻击；手往下撩拦，不能低过膝盖，不然容易失重，露出破绽。

第二，手不离怀，肘不离肋。手要占中，除非侧身探膀，肘要摩肋出入，一出一进自然能防止肋部被攻击。传统武术不是竞技套路，护身要严，大敞怀是大忌讳。

第三，内不过心，外不露耳。往内格挡不能超过心口；往外格架不能离开自己，露出耳朵。守敌之所攻，不迎敌之所击。

第四，动不留缝，定不露裆。双腿进退之间，要膝胫相合，不能露出太大缝隙，以防对方在进攻时击中裆部或伸腿觅跤使绊；定势时要扣前膝盖，不能露出破绽，以防为敌所趁。

第五，出手如钻，收手如挱。出手回手，拧出拧入，不直进直入。拧出自带离心力，能防对方格挡；拧入自带擒打。

因此，红拳练拳的第五个特点就是"捆着身子练拳，钻着身子进退"。

(5)步。

"未动梢节先动根，手快不如半步跟。"

"教拳不教步，教步打师父。"

步法的重要性可见一斑。然而，传统武术的步法不仅是移动的意思，也是打法的一种。所谓"手打三分腿打七"，这里面的腿并不是用腿踢人，而是步法的意思。

在传统武术中，弓、马、仆、丁、歇、偷六种步法都是打法，或者是快跤，并不是在行场过步中扎势用的，而是用于贴身翻倒对手的。这也就是我们在练拳时，师父从来只要求我们弓马扎稳而不是变换快的原因。因为只有稳了，才能在一转身的腰胯拧转之间，将对手翻跌出去。

"看人如蒿草，打人如走路"，就在于这些步法的运用。

因此，在红拳中，步法分两类。

一类是行场过步用来移动的步法，如三角步、闪骗步、猴小纵、返身步等；另一类是打人用的步法，如弓、马、仆、丁、歇、偷六种步法。

因此，红拳练拳的第六个特点就是"进退要快，扎步要稳"。

3."势"。

势，即拳势。什么是拳势？拳势不是拳式。式，为样式，一招一式，就是打拳的动作。而势，是一种气势、一种由内而外散发的内涵。

就像四把捶口札中所说的"龙起龙纵千江水"，练出这种感觉，开势中的饿马跱槽腿就有了平江起纵之势，再形象地将饿马上槽时前腿腾趴的劲儿用进去，这一腿自然就有了凶狠和势不可当的感觉，这种感觉就是这一招的势。

具体到红拳套路，可以说招招有名，势势有札。我们就是要在练拳的时候，在精熟了拳路之后，将这种由内而外的精神融进去。

练鹰鸽架势，就要有封门闭户的严密及守家之犬的机警；练裙拦势，就要有戏剧里青衣舞袖撩衣的行云流水；练铁匠三锤势，就要有封火锤砧、斩钉截铁的干脆；练打虎势，就要有猛虎在前，也要一拳掼翻的勇武；练二起脚势，就要有鹤舞于空、飞箭离弦的一往无前。

只有为一招一式赋予内在的精神内涵，才能形成拳法的势。子拳讲"贼鬼刁拿，避奸溜滑"的精巧；炮捶讲"斧头破硬柴"的冲闯。从拳招到拳路，以及具体到每个练拳人的个性，都能形成一种势。

有人练拳巧，有人练拳拙；有人练拳稳，有人练拳狠。将人的势同拳的势结合起来，就形成了风格。所以，练拳的过程就是对拳进行理解的过程，也是对扬长避短的思考过程，更是将拳法与自身结合的个性化过程。

4."理"。

理，即拳法理论。这些理论包括拳谱、拳札、拳谚、口诀等。"高搠低押，里勾外挂"就形象地说明了接手的基本手法，"高不搠，低不押，膛里直取只一下"又上升到一个"认人不认器"的更高境界。

前面讲了"鹞子高三"的打法口诀，红拳比较系统的理论还有师宝龙拳经：

一要功夫，二要拳，三要足手紧相连。手去足不挪，必定打不着。脚起手不动，必定是大病。侧身换膀学得精，就是神仙也不中。打人如闪电，拔步如放箭。手去不显身形，显身形何为能。势势要亮，脚脚见将。身势如闪电，脚底如鱼窜。拔步如风，站步如钉。轻如鸿毛，重如泰山。拳打势样招架。打手不见手，见手不算手。进步如鸡窜，出捶如放箭。高掤低押，里勾外挂。撑斩勾挎，高低上下。双手不离腔，你忙我不慌。扁身身法最为奇，足、眼、手尖不可离。打拳不离三尖，足尖、手尖、鼻尖。出捶先看肩膀动，眼尖手快耳听风。手是两扇门，全凭脚打人。得步忙进脚，打人如捏火。撑来换撑，斩来换斩。撑不动不撑，斩不动不斩。高如泰山，低如鸟雀。有膀却无膀，无膀却有膀。钉膀不见膀，手去复探膀。你斩我绽，你绽我闪。阴阳要转，两手要直。前腿要曲，后腿要直。步步着力天下无敌。撑手带云手，打得天下无敌手，大如玄黄，小如猫。五法合一家，打人焉不发。眼与心合，项与肩合，肘与膝合，腰与腿合，足与手合，气与力合。肩探捶攒，吸喉贯顶，翻臀折腰。一呼一吸，气如细丝，习气养身，穿肠过肚。五脏六腑，气串经络。行于丹田，左转右转。拧腰摄胯，通关利窍。挖心出捶，搓磨括打。下针为本，惜气养身。吸气之法，缩骨欠肩，搜肩探膀。顺人之劲，借人之力。撑捶不离腔口，前手如推泰山，后手如拔虎尾。手法容易劲口难，离人一寸，打上有劲，离人远必定闪。前顶后挺，上下不离胸膈，上下不离带口，高不过眉，低不过肩。捶到临身躲，迅雷不及掩耳。转劲最为高，身法要逍遥。眼硬打得眼软，手快打得手慢。拳不离脚，棍不离搠，拳打手指，枪扎步眼，眼观手足定存亡。一要准，二要稳，三要欺心，四要狠。拳有千变万化，闪身蜕化滑如鱼，一搬二扣三丁拐。

"黑虎邢三"跟师宝龙私交甚密，因此邢派红拳较好地融合了师氏拳经。

邢派红拳讲究"练好撑手加云手，打得天下无敌手"。高派红拳讲究"偎身靠子罗汉肘，迎面打人六合手"。两派拳法各有特点：邢派尚功，高派尚巧。

三原县已故拳师崔迎斌讲过有关"鹞子高三"的一个故事：

高三习艺有成，在三原高家堡授拳。三原当地有一武师，力能碎石分砖，据说两块砖并齐，双手用力能掰断。他不服高三声名远扬，在高家堡门外堵住高三，非要一较高下。

高三推辞不得，摆开架势。就见高三突然进步逼近，拳师出手迎击，高三已经后退半步，同时侧身换膀，让过来手，左手一拍其肘弯，右手从左手下钉捶点出，轻轻点在对方肋缝里，拳师肋下一疼，还没反应过来，高三左手抹眉，右手打一个搯腮掌，就将对方放跌出去。在对手还未起身时，高三又一个钉捶，击在身边的一棵槐树上，将树皮打得炸裂出一个深窝，露出里面的树干。对方一看才明白高三手下留情，忙起身抱拳表示臣服。

高三这才道："你有你力大如牛，我有我身滑如猴。"

由此可知高家拳尚巧。

近代新意红拳宗师王克俊先生常对弟子们说："都说拳假功夫真，力大强十分，这没错。但我高家门还有个'一巧破千斤'。"王克俊就学于"鹞子高三"的弟子王震西、雷北鸣，他晚年时将自己所学的高派新意红拳总结成口札：

> 峰不倒，弓拉圆，形一实二步相连。
> 踩腿进，审势先，虚实变换巧连环。
> 进中退，退中进，全身一直记心间。
> 步法清，交口明，两眼紧盯对方肩。
> 上制肩，下制胯，贴身钻靠是真传。

西安红拳文化研究会名誉会长、红拳文化挖掘顾问薛崇安老师，一生喜爱红拳，致力于红拳文化理论研究，对红拳进行了通俗易懂的理论总结。

第一个总结：形驱梢至。

形驱梢至，就是我们的动作是靠身体驱动的，也就是力发于根、形于梢的意思。这就要求我们在练拳的一举一动中，时刻注意整体的作用，每一个动作都不要做成简单的肢体运动，而要有整体浑圆的追求。这跟内家拳的内外六合是一个意思，也就是王克俊先生强调的"上下一致性""全身一致"。

第二个总结："猫""摸"二字。

薛崇安老师修炼红拳通背功和六合大枪多年，冥思开悟，得"猫""摸"二法，其中"猫"练的是注神，也就是专注；"摸"练的是连绵，也就是意识的连绵不断。

猫，其实就是模仿猫科动物机警的样子，是红拳门里强调眼到、意到、手到的"眼心拳"的合一意识。我们要知道，所谓眼到，广义上讲就是身体接收信息的部分。见影而做、闻风而动是对这种信息反应较恰当的形容。意到，就是人体的意识反应，也就是意在动先的意。这个意是高级反应（有大脑参与）与低级反应（无大脑参与）的综合。拳家讲破势不破招，就是要先瞭敌势，知其所动，然后条件反射一样地做出相应的反应姿态。最后就是手到，意识到一种反击态势，身体瞬间就会本能地完成。

这就是拳家讲的"宁在一思进，莫叫一思存"的意思；也是"遇敌好似火烧身"的本能反应与"彼不动，我不动，彼微动，我先动"的意识反应的结合，意一动则发手，不能犹豫不决。

摸，如盲人摸象，手随意走，随意动，连绵不绝。

"摸"中的意识感觉不断，其实是断的。名义上的表现是"一意起时一意消"，是断的。而那种不断的感觉，其实是明意识在起第二手时，将对第一手的控制交给了下意识。从武术上讲，我们出手的时刻，便是忘记这一手的时刻。如果心灵意识（明意识）还停歇在自己刚发出的一手上，不能及时以明意识应对敌人的变化，那么会为敌所趁。因此，练形要熟能生巧入神，要达到下意识能控制的程度，才能配合明意识，做出"拳断意不断"的效果来。

综合以上所述，拳家练拳，第一步就是从前辈那里继承"科学的形"；第二步将"科学的形"练成肉体的本能；第三步练出科学的"发劲"，即整劲儿；第四步练出能随势就势的"变化的劲"，即不用大脑意识的参与，通过非条件反射就能完成的劲力变化；第五步就是能专注于一物，达到"注神"的效果；第六步是"一意起时一意消"的应变功夫，达到"拳断意不断"的连环效果，才能拥有拳家讲的"犯了招架，十下八下"的境界。

希望形驱梢至与"猫""摸"二字能给大家以启迪。

理解了"盘""法""势""理"，我们在练拳时就有了方向。然而，拳无定法，人无绝同。每个人练拳都有一个理论结合实践的过程，所谓类我者生，学我者死，拳法理论不是教条。

每个人的身形特点、力量反应都不相同，有人善于跳跃，有人长于力量，因此对于拳法套路的接收程度及擅长之处肯定各不相同。而人类是一种能不断自我修正的高级动物，所以我们学习武术，学的是理论，接受的是法则，而不是僵而不变的动作。只要在原则之内，各人无须雷同。

所以，"拳，练即为师"，长时间的练习能让我们一步一步接近核心。

(二)红拳的技击特点

戚继光在《纪效新书》中言："拳法似无预于大战之技，然活动手足，惯勤肢体，此为初学入艺之门也。"因此，有人说武术分为战场武艺和民间武艺。但也有人说，传统武术跟战场没有关系。

戚继光说得没错，但武术确实是从冷兵器时代的战场中杀伐而出的。为什么会出现这样的矛盾呢？是因为我们对武术的本质认知出现了偏差。

武术是弱者的运动，是弱者在受到威胁时的需求。那么在战场上呢？正如戚继光所言："堂堂之阵千百人列队而前，勇者不得先，怯者不得后；丛枪戳来，丛枪戳去，乱刀砍来，乱杀还他，只是一齐拥进，转手皆难，焉能容得左右动跳！"在这个时候，个人武艺没什么用处，也没有发挥的余地。

但是，冷兵器时代的"堂堂之阵"能占据多长时间呢？

其实"堂堂之阵"的胜利，指的是战争的胜利。然而，"堂堂之阵"之后，一方败退，一方掩杀，在冷兵器战争中占据的时间更长。这个时候，那些丢盔弃甲、慌不择路而又最终能活下来的人才是掌握武艺的"弱者"，这些兵败逃生的"弱者"才是掌握蹿蹦跳跃、跌爬滚打甚至能绝地反杀的武术高手。

武术，不是产生于"堂堂之阵"的战阵争胜，而是产生于兵败如山倒的逃杀。也正因为如此，武术是为了逃生而物尽其用的东西，是用智慧拉平力量悬殊的东西。

"不拘一格是打法，中规中矩是练法；行云流水是化法，硬打硬进是霸法；侧身换膀是进法，斩劈占中是退法；肘上寻点是接法，反手封膀是拦法；屈臂进拐是肘法，贴身畏肩是靠法。"这些对技击都有一定的提点。

　　老辈人讲，"万法十字出，打人一翻手"。一个十字手将身体分成了九宫八卦、内外上下。"十字手封门闭户，挨着手蜜蜂采花"是红拳打法里的一种讲究。

　　十字手随身一变，就成了红拳的六合手门子。六合手门子又被称为迎门三不过，即手不过、腿不过、身不过。

　　跑拳打手中的跑门子，多用六合手门子。

　　红拳的打法理论很多，多为口口相传，说法不一，但内容大同小异。红拳八法之变，于实际应用当中讲究的是"接肘管膀，寻面问腹。捶到临身躲，拳打方寸间。力圆功轻线为快，肘后一尺下功夫。宁在一思进，莫叫一思存；见手响，往进闯；一拳出二意，挂一击二两相顾。一快打百痴，胆正跤闪功夫深。出手如捏火，迈步如踩物，扁身侧让其力长，束身整体进中堂。打人若无胆，空有手和眼！狭路相逢勇者胜，打完才知用得中"。

　　但这些东西只是理论，从练习套路到实战，还有几个环节不容忽视。

　　一是排子手单练。

　　排子手单练就是在实用的打法招式中找到适合自己的，将其拿出来反复练习。千招会不如一招精，只有将为数不多的几招练得精熟，才能进入下一步。

　　二是拆招喂招。

　　其实拳谱中的每一个打法要点都有相应的招式作为解释。在红拳门里，师父作为内场传授给弟子的东西，就是拆招。有了这些东西，拳法才能和实战结合起来。但现在这些东西失传得太多了，前辈在打斗中的智慧不是我们现在可以想象出来的。种种神奇之处，无法言表。

　　在练法上，还要讲喂招。什么是喂招？就是师父出手"喂"你，告诉你在打斗中对方的手到什么程度，你才能接，该怎么接。只有这样，他们才能将关于时机和变化的那种临场经验传授给你。那种临场经验和拳法招式结合起来才能达到最好的效果。招式是最讲时机的东西：接得嫩，对方会有变化；接得老，自己会受伤或被封住步眼。所以时机很重要，是招式能不能用上的关键。

　　三是跑拳打手。

　　跑拳打手是半喂半实践的练习，可以说是实战的模拟，一般都是跑着门子，找着机会，将对方套在打法当中。

自来拳势通兵法，不通兵法莫习拳。

武术各门各派，招式千变万化，所攻者不过是人体几处要害，所形者不过是几十个动作之变化组合。因此，人来打我，无非就那么几个动作，人体也就那么多能打的地方。想想看，打人的招法又能有多少？手不过上挑下斩，内打锁口外打翻，一炮冲天捅栽捧圈九法之变；腿不过高中低之蹬弹鞭摆合；膝不过顶摆合扣；肘无外挑砸拧顶；靠不过内外之别；胯只有掀摆之变。所有拳式分解开来不过就是这些东西。千变万化的是临场应敌的反应与变化，不是招法和练法，所以想得再多不如一练。

实战接手，接手怕接空，故有"接一寸，不接一尺"的说法。对方的手放近了再接，这才是捶到临身躲。红拳动手，注意打对方第二手，叫"接一打二"。这在高派中叫形一实二。在对阵中，接手要防脚踢，所谓"明修栈道，暗度陈仓"。拳打声东击西，指上打下，因此腿多在拳下出。

师父们常讲，手顺的打手背的，力顺的打力背的。敌背我顺，我就有先机。何谓敌背，就是他手不方便出，力不方便发。何谓我顺，就是我手方便出，力方便发。所以在两个人级别一样时，我们移步走位，就是找敌人的发力死角。更具体地说，以我之力顺对敌力之别扭，是谓敌背我顺；以我正面对敌之侧，是谓敌背我顺；以我力沉对敌力之浮，是谓敌背我顺；以我之重心不失对敌之重心已失，是谓敌背我顺。更通俗地讲，我方便打而对方不方便打的情况都是敌背我顺。在级别相差不大时，就是看谁能抓住这样的时机，或用动作引诱、逼迫对方不得不给我们这样的时机。功力悉敌时，打顺背，不找外也不找里，找顺背。对手弱，争胜；对手强，不争胜，守胜。

临场打斗，除非是实力相差很大的对手，一般第一手都是轻快地试手，即留有变化的虚手，这就是形一。在双方试手之后，根据对方的应变，自己的试手也发生变化，化虚为实，真正的进攻或应变招式往往在第二手，就是实二。听老拳师们讲，过去师爷辈的跑拳打手，行场过步，一般就是数一、二、三，要么双方都落空手，分开重来，要么一人倒地，立见输赢。对敌若无胆，空有手和眼。关键是看在合适的时机，你敢不敢迎上去，而且迎上去入堂后，打人放人成没成为你的本能。跑拳打手中的跑拳指的是身法步法合一，要求步灵身活，能踩脚窍、踏步眼、跑门子，造成敌背我顺之势；打手就是手腿膝肘的打法应用。过去说跑拳打手，就是指二人打散手，现在这种训练方法基本没有人用了。

传统武术中临敌对阵有门户之说，所以在红拳中，跑拳打手有跑门子的说法。

门子，有六合手门子跑左右，有钉膀捶门子封上下。总体来说，在红拳中，手是看门户的，就是起两扇门的作用。双手中间，即门户之内，是自己的中堂，包括面、胸、腹。双手侧面，是自己的侧门，包括肋、肾、背与后脑。

行场过步，有抢中门，就是入堂，抢入对方中堂之内，将对方的手逼在自己的身体之外，使对方很难或不容易攻击自己，即占中门。也有抢侧门，就是游走中用步法进攻对方侧体一方，是力小对力大的方式。一个抢字，说明力小者须快上快退，一旦失利，就必须以最快的速度跳出圈外，以保护自己。

在很大程度上，打与防是二合一的，出拳打二意，一意击，二意防，挂一击二。师父的解释是：一拳出去，有旋劲弹出对方的胳膊，手就可以直奔对方的要害，这时打和防是二合一的。在打对方的要害时，又要做到挂一击二，打对方的脸时，又隐隐有意封住对方蓄力未出的那个膀子。这时打和防又是二合一的。

另外，红拳门内有"一快打百痴"的说法。这里的快跟我们平常说的不一样。普通人说的快，都是指绝对速度，就是看你出拳多快，但红拳师父们说快一般不用快字，会说谁出手"qie（音切）得很"。在陕西，这个字除了快的意思之外，还有直接和路线距离短的意思。红拳打手，还讲究牛吃草，顺路扫，挨哪儿打哪儿。先拣近处打，先打对方反应，然后再拣要害处下手。

武术的打法不仅是手法，还要练身法、步法，就是要在运动中造势，抢顺位，走顺势，打背势。所以方法，也就是前人的经验很重要，这些经验就是前人传下来的拳法和打法。"拳打三节不现形，现形何为能"这句话，不是练拳中的话，是实战中要表现的东西。现形与不现形就是你出拳有没有预兆，预兆有多明显。这已经是对高手的要求了。腿的动作现形，肯定现在身上；手的动作现形，大多现在肩上，和腿与手的快慢没有关系。现形和内家的截意总是在一起说的。对方有现形的动作，我们就要出手截其意。"彼不动，我不动；彼微动，我先动"，这个微动就是现形，如进步前的微顿动作、出手前的返肩动作等。在练习中只有克服这些动作，才能做到少现形或不现形。拳谚中有"拳打不防如破竹"，就是不现形。我出手无预兆，对方无法判断、反应，我之攻击自然势如破竹。如果练不到不现形，就尽量在实战中掩形，即用一些方法来掩护自己的动作，常见的就是假动作或者吸引人注意力的"吊眼手"。

练武或者好武的人都想战胜比自己强的人。要战胜一个比自己强的人，不下功夫怎么行？而且人外有人，天外有天，很多时候决定你能否打赢的不仅是你自己，还有对手。你下功夫的多少决定你能战胜的对手的多少，但你永远不可能无敌，因为比武不仅是比功夫，而且比天时地利人和，还有你的生理周期。

武术要求的是打赢对手，所以不要想太多。练的时候讲究很多，意和劲是练时才讲究的，是为了将一种理想的格斗状态化为技击本能。实战时只凭本能去打。

红拳师父常说一句话：一打胆，二打闪，三打点。

一打胆，才可以做到捶到临身躲，才让对手自动进入你的攻击范围。二打闪，才可以做到化身为奇，让对手引进落空。三打点，指的是出手的准星。只有出手有了准星，才可以将日常本能化的招式用到对手身上。练时的用心，在散手中是想都不能想的，不然已经神不守舍，如何和人接手。接手就一句话：形一实二，见手响，往进闯，贴拳进肘靠入堂，打得鬼神皆惊忙。

招越练越少时，就会出现所谓得意招，也就是过去所说的绝招，就像红拳邢家门有"练好撑手加云手，打得天下无敌手"，红拳高家门有"偎身靠子罗汉肘，打人凭的六合手"。这些绝招都有一个特点，就是防打相兼，上下相兼，左右相兼。里面有接，也有拦。这个拦很重要，在一定程度上相当于盾的作用。通俗来说，就相当于拳击中收下巴、微低头的动作的作用。这个动作看似不起眼，但有效地防止了上勾拳打下颌的招式。

许多人不重视传统武术中的跑法，也就是格斗时的姿势和身法要求，如此在格斗中吃亏肯定是难免的。在理解传统武术招式时，一定要有拦的意识。师父说过，格斗时"寻的是洞洞（对方的破绽），弥（补）的是缝缝（自己出手时会亮出来的可能被对方趁势攻击的地方）"，这就是对拦的解释。

红拳撑、斩、勾、挂、缠、拦、沾、挎八法中，前四法为显，后四法为隐。功夫的高低，在后四法中体现得更多一些。

另外大家在临场中还要能分辨废手，也就是对方已经失去作用的招式，以便在有效的时机大胆出手。就像我们在看搏击比赛时，会质疑他那个手明明往前一送就可以打倒对方，为什么不往前打。其实很多时候，这一手就是废手，看着好像能往前一送，可是当时的身步力势都制约着他不可能将那一手送出。这些东西就是全凭师父喂手才能掌握的，对于这些东西我们得有相当的打斗经验才能观察出来。

武术不是在练"复杂"，而是在练"单纯"二字。在格斗中意念越多，越打不好。拳经谓：狭路相逢勇者胜，用完才知打得中。也就是这个意思。至于练和打的问题，永远都是练一遍比不练好，练两遍比练一遍好，练三遍比练两遍好。练不到，打不中，不是打法的问题，是练得不到家的问题。越是有用的招式，越简单；越是复杂的招式，用处反而越小。简单是谓实用，复杂所谓花法。

三、传统红拳三十六势法创编要义

西安红拳文化研究会，这一承载着深厚武术文化底蕴与传承使命的社会团体，于2014年在古城西安成立。它的成立，不仅是对红拳宗师张悦侠先生毕生心血的延续，而且是对"做人传艺，尊师重道"这一武学精神的深刻践行。以武为桥梁，以艺为纽带，广泛汇聚武林同道，共同推动红拳文化的弘扬与普及，西安红拳文化研究会如同一颗璀璨的星辰，闪耀在传统武术的广阔天空。它不仅被赋予了国家级非物质文化遗产——红拳传承项目的守护者角色，而且成为一座连接过去与未来的桥梁，让古老的武艺在现代社会焕发出新的生机。

自创立以来，西安红拳文化研究会始终以开放包容的姿态，活跃于武术推广的前沿阵地。从西安的历史沉淀到周至的淳朴厚重，再到鄠邑的蓬勃活力、蓝田的秀丽风光以及西咸新区的时尚气息，研究会的影响犹如春潮涌动，遍地生根。一座座培训基地，宛如雨后春笋，在这片古老而又充满生机的大地上迅速崛起。在这里，教练员培训班如同春雨般滋润着每一寸渴望学习的土地，培养出一批又一批优秀的武术传人，为红拳文化的薪火相传提供了坚实的保障。

面对民间武术传承中存在的种种挑战，诸如技术传授的参差不齐、招式混杂无章、理论与实践脱节等，西安红拳文化研究会勇于担当，积极作为。2015年，研究会自筹资金，开启了具有里程碑意义的"讲武堂"系列讲座。这一系列讲座不仅开创了武术教学的新模式，更收获了显著的成效。然而，研究会也深刻认识到，要想真正实现红拳技法的精准传承，还需回归根本，从源头上梳理与规范。

于是，2018年，在经过深思熟虑与精心筹备后，西安红拳文化研究会汇聚来自全国各地的红拳名家，共同编纂《传统红拳三十六势法》一书，旨在去芜存菁，澄清谬误，还原红拳技法的本真面貌。书中所选的每一势法，皆是精挑细选，力求原汁原味，从手眼身法步的外在演练，到心神意念的内在修炼，无不体现出对传统红拳精髓的深度致敬与精确还原。

在套路设计上，《传统红拳三十六势法》更是匠心独运，巧妙地将场地空间融入演练之中，使得套路路线既丰富多变，又科学合理；既保留了传统的韵味，又赋予了现代审美的观感。这种传统与创新的完美融合，不仅让红拳的演练更具艺术观赏性，为红拳的传播开辟了新的路径，也吸引了更多年轻人的目光，为传统武术文化的可持续发展注入了新的活力。

总而言之，西安红拳文化研究会及其编著的《传统红拳三十六势法》，不仅是对红拳这一宝贵文化遗产的系统整理与传承，也是对传统武术现代化转型的一次积极探索。它不仅巩固了红拳在武术界的地位，而且为中华武术在全球传播贡献了力量，让世界见证了中国武术的智慧与魅力。未来，随着更多人的加入与努力，红拳这朵武术之花定能在世界舞台上绽放出更加绚烂的光彩。

四、传统红拳三十六势法套路的习练要领

传统红拳三十六势法套路编撰完成后，在西安红拳文化研究会会员之间和多处训练基地以及中小学校园进行试推广，征集多方意见，不断修改完善，最终获得了大家的一致肯定。大家普遍认为该套路内容丰富，编排合理，无论是在传承性上还是在观赏性上，都是不可多得的科学组合。以下是传统红拳三十六势法套路的习练要领，供大家参考。

(一)总要领

1. 气要沉静，势要到位。

红拳被称为软拳，红拳练拳被称为盘拳。因此，练习三十六势法的套路，开始时一定要平心静气，一招一式都要扎到位。步要扎稳，身要平稳，气要沉稳，下势要低，走势要快，定势要静。一招一式，不紧不慢，交代分明；一起一落，不急不躁，高低有序；一进一退，勿慌勿忙，自然流畅。

2. 神要专注，眼要忽灵。

拳要迷人，势要赢人，关键在一个"神"字。有神才有韵味。神藏于眼，双目有神，如虎似豹，机警忽灵，才能在行拳中提助精神。因此，三十六势法套路练习，一定要注意眼神，眼随手走，左顾右盼，上视下观，前后扫视；要动作干脆利落，神情专注灵动，双目炯炯有神。

3. 疾而不赶，张弛有度。

练拳要由慢而快，快而巧熟。快而巧熟与一般的快不同的是，一招一式快而不赶，一进一退快而不浮，一起一落快而不滞。拳路招式看着快，但动作都很清晰，拔步如风，站步如钉，出如烈火，收如凝光。一套拳虽快，但打后呼吸不乱。

（二）局部要领

1. 腕要活抖。

红拳讲打人一翻手，因此手型变化最是多端。老拳师过去讲花中有果，果中有花，掌指拳钉，一手多发。在传统红拳三十六势法中，手型一直在钉锤、平捶、阴掌、阳掌、提顶、塌掌之间随意变化，至于勾、挂、刁、打的手法更是无处不在。这所有的变化，都在于"活腕弹抖"四字。因此，练习者要特别重视这些手法，只有长期练习，才能给这些方寸之间的变化贯上劲口。

2. 肘要摩肋。

红拳讲，双肘不离肋，双手不离怀，看你怎么来。出手入手，肘要摩肋，是红拳练习中要特别注意的一个问题。拳家讲五行本是五道关，无人防守自遮拦，这个肘摩肋出入就是一个自我防守的本能动作。开始练习时，可能因为不习惯而产生别扭感，也会影响套路的观赏性，但只要时时注意，一旦养成习惯，就会透出一种引人入胜的严谨风格。

3. 身要束提。

身要束提指的是红拳练习中的提劲。提劲在腹，腹提气整。气整则身形不懈，才不会出现拳练得懒洋洋的感觉。提劲除了使身形严整之外，对腰部的锻炼也会起到一定的作用。长期提劲练拳，会增强躯干部的整束之力，增强腹部力量，使腰腿更好地配合。因此，在传统红拳三十六势法的演练中，时时保持提劲是一个很重要的点。

4. 膀要活泛。

膀眼活臂如轮转，肘节活臂如甩鞭。臂膀灵活无论从套路的观赏性还是技击的必要性来说都非常重要。所谓"丁膀不见膀，手去复探膀"，无论是侧身换膀还是探膀，都要将膀眼（肩窝）拉开。这跟内家拳形意太极的沉肩是一个道理。具体做法是，肩关节下沉，手臂往前抻探。还有一个就是要练撒膀，主要是肩膀关节放松，双臂往上，用力撒开。

5. 腰要柔韧。

柔者软，韧者有力。红拳练习中腰腿要活泼，这种活泼对腰部的柔韧性提出了要求。只有腰部柔韧，套路才会练得活起来，有力量感。在技击中，只有腰部柔韧，才会使柔弱胜刚强成为可能。拳法争胜，柔韧性好的人，才能有更大的退让余地，而带有力量的让，就有了吞吐之力。将对方的劲力让开、泄掉，在对方力量放空的时候，再反扑回去，这就是拳法的吞吐。在传统红拳三十六势法中，除了专练腰部柔韧的燕子嗛泥之外，练拦腰翻身斩等都对提高腰部的柔韧性有极大帮助。

6. 膝要扣裆。

在传统武术中，撩阴腿也叫无影脚。上面手一晃，底下起一脚，一般人看也看不到。对撩阴腿最好的防守就是扣裆。随时扣裆的习惯，能有效地防止对手踢裆。而且，扣裆的动作也能很好地锻炼腿脚，严谨拳势。

7. 步要跌进。

步子的移动要快而稳。怎样快？如果先动步子，那么步子再拉动身子，等身平步稳，对手早就退了。所谓一退破千招，就是如此。而且，步子拉动身体，有了前后，就没有了上下一致，身体力量就有了断裂。所以，要快，身体先动，步子补上去，这样才能上下同进，速度才能快起来。因此，在红拳行拳中，步子是跌出来的，就是身体先进，失去平衡，人似乎要跌倒，步子本能地补上去，这样才能既快又稳。

五、传统红拳三十六势法拳谱

传统红拳
三十六势法

抱拳存身预备势
海底捞月鹰鸽架
白鹤亮翅靠山势
形一实二撑补势
铁匠三锤翻手炮
封面翻臂迎面花
伸肩抖腕扬鞭势
提袍甩袖裙拦势
左右穿掌雀地龙
外挂内托鱼掏腮
靠身滚肘缠腰横
双脚碾步翻身斩
揭抹捅斩硬开门
上下同击绷子腿
左挂右掳锁口捶
退步劈揭捺捧子
斜身偏闪面贴金
卸手抱头一段完

翻身背捶燕穿帘
左拦右斩龙却身
小抡叫手二起脚

抹手左挂右钉膀
右手勾挂左钉膀
钉面钉心再钉裆
惊上取下指裆捶
双臂轮环燕噙泥
一马三箭挎剑腿
当堂叫手飞双燕
猛虎伏身二段完

抢手搅靠撩阴掌
劈擂正身扑心掌
偷步撩阴旋包脚
卸手进步顶心肘
挂面跺子三段完

闪横拗步擂鼓势
迈跤护阴扇巴掌
撑斩连环十三响
侧转闪进打虎势
拧腰摆胯王卸甲
平心静气四段完

第二部分
技术部分

预备势

预备势

1. 两脚并拢，身体自然站立，目视前方（图预-1）。

图预-1

2. 双手提于腰间抱拳，拳心向上，拳面微前撑，含胸拔背，收腹，双目炯炯，振奋精神。目视左前方 45 度左右（图预-2）。

图预-2

一、鹰鸽架势

释要：鹰鸽架为红拳起手势，以双手交叉如鹰鸽展翅而得名。从技击上讲也可称迎格架，即迎敌格挡之意。从技法上讲，拳家双手抱怀为封门，因此鹰鸽架抱为鸽守，展为鹰击。

打法讲诀：鹰鸽架六合手门子，十字手万法皆出。这是红拳跑拳搭手之基础门子。

动作：

1. 海底捞月：接上动，两拳变掌，贴两侧裤缝往下，直至双手指尖触地，双掌外翻至掌心向前（图1-1）。上动不停，随起身向上捞起，直腰屈肘，掌指着力，双手交叉于胸前，掌心向外翻成立掌。左手在外，右手在里，上缺口对天突穴，指尖朝上。两目自双掌相交处向前平视（图1-2）。

图1-1   图1-2

2. 抻肩翻掌：接上动，双掌掌尖相对，双臂从体前分摆向两侧，掌心向外，与肩平高（图 1-3）。面向右侧转，看向 45 度左右。

图 1-3

上动不停，头往左转，两掌翻转成阳掌（掌心朝上）（图 1-4），然后屈臂抱拳前撑于胁间带口（腰间），拳心向上，目视左方（图 1-5）。

图 1-4

图 1-5

要点：整个动作要连贯流畅，"鸡腿龙身虎豹头"，松肩提劲，头部摆动时如猿似猴，灵动自然。肩要下沉，肘要下坠，气力贯肘，运至于手，膀扣开胸。精气上升，阴气下降。任脉通行，手足相扣，周身力雄。

易错：动作僵硬，松弛懈怠。

海底捞月拜英雄，迎格十字开势妙，起如霸王举鼎，落如存孝打虎。

二、靠山势

第二势

释要：靠山势是红拳基本势，又名拗步撑拳。撑，取支撑不使其落，拒之不能使近之意。撑分单撑、双撑、左右撑、上中下撑等。撑不同于格，格系左右拨挡的勾挂之法；也不同于架，有别于上架、横架等。撑是从毛际（耻骨）而发，向下、向前、向上贴迎彼臂内侧，先内后外，向外滚撑，贴臂内螺旋穿钻。如此我臂直中有横，横中间直，一撑两用，外防内攻。

打法讲诀：撑来换撑，斩来换斩，撑为守中外防内攻之法。

动作：

接上动，身体微蹲，碾步左转，左腿往右腿后退步，摆左胯，拧腰伸膀，顺腕，左拳向左侧曲臂撑出，高与肩平，目视左拳（拳眼朝上）（图2-1）。

图 2-1

要点：前腿虚，后腿实，重心在后腿，三尖（鼻尖、拳尖、脚尖）相照。

易错：侧转时直腰，伸膀时僵直不滚出。

退步躲身靠山势，松肩吐气膀探前，前手如龙变化，后手如虎靠山。

三、撑补势

第三势

释要：补即补手，一下不行，再打一下。撑即补，补即撑。撑不离补，补不离撑。撑补连环，为红拳之母势。

动作：

1. 拎手：上动不停，左拳向右向下旋拧，右拳经腹往上过左肘拎手缠撕，身体向右侧转，两手落于身体右侧肋间带口（腰间）（图3-1）。

图 3-1

2. 正蹬腿：上动不停，左腿提膝往前蹬出，高与胸平，目视前方（图 3-2）。

图 3-2

3. 金鸡独立：左脚回收成独立势（图 3-3）。

图 3-3

4. 仆步势：左脚侧伸，左拳随之下撑，拳心向前，拳背向右，成右弓步（图 3-4）。身体左转，右弓步变左仆步，左拳阳拳（拳心朝上）顺左腿内侧向前伸至左脚（图 3-5）。

图 3-4

图 3-5

5. 撑补势：上动不停，身体重心前移，右腿后蹬变直，左腿向前弯曲，由仆步变成左弓步，同时左臂向上撑起（图 3-6）。身体向左拧转，左臂外旋向前击出，拳心向外，右拳同时从带口滚出，两拳眼相对（图 3-7）。

图 3-6

图 3-7

要点：仆步势要低，左手前撑，下撑上撑要随身动，撑补时要成滚捶势。右拳冲出如钻头，伸膀探肩，转腰顺臂。撑补一条线，胸腹不能见。

易错：撑补时容易上架，变纵为横。下盘动作前腿成弓，后腿不直微曲。

红拳母势撑补捶，外防内攻人难防，形一实二妙中妙，不招不架只一下。

第四势

四、铁匠三锤势

释要：红拳放炮击膊拊髀之法，又称铁匠三锤，取其斩钉截铁、封火锤砧之意。此势外破敌势，内练己身。长势走下挎腿上拦臂斩势出门，短势走膛里舞花翻手炮，可连环运用。

动作：

接上动，左右两拳翻斩，两拳拳心都向上，先右后左（图4-1）。双手下落翻手变掌，掌心向下，右手先左手后拍击两大腿面（图4-2）。右手提护心捶向前翻斩，拳眼向上，力点在小指节根上，左手向上，迎击右前臂（图4-3）。

图 4-1

图 4-2

图 4-3

要点：手臂分合要用身劲，斩拳力达前臂，拍击响亮，动作连贯。

易错：拍击时，手法与上体动作配合不协调。

铁匠三锤来势汹，斩钉截铁猛锤砧。

第五势

五、迎面花子势

释要：迎面花子简称面花，为封面翻臂绞花之势，取红拳八法拦缠之意。舞花迎面掌穿喉，左封右按连环走，里勾外挂一翻手。

动作：

接上动，右拳变掌收回，手心向下，左手不变，掌心朝外（图5-1），再顺时针翻绞至左手在上，右手在下（图5-2）。

图 5-1

图 5-2

要点：翻手绞花双臂要合，两手心、阴阳要相对，两肘下坠。

易错：两手配合不协调。

风雷绞炮盘花势，抢手勾挂撕捋扯。

六、左右扬鞭势

第六势

释要：左右扬鞭势亦称穿喉掌，为侧身换膀、移形换影之势。

动作：

1. 接上动，左手勾挂扯回肋间带口，右手掌心向上，从怀里穿出向外甩掌，三尖相照，目视指尖（图6-1）。

2. 上动不停，身体右转，右手翻手带回，左手内旋，掌心向上向外甩掌，三尖相照（图6-2）。

图 6-1

图 6-2

3. 左右同式，方向相反，同图 6-1。

易错：两手撕掳扬鞭不协调。

侧身换膀双扬鞭，左右甩掌人难逃。

七、裙拦势

第七势

释要：从动作形象上讲，裙拦手法动如裙摆；从技法上讲，主要是拦护己方腿膝，使对方不得击，以及勾搂对方腿膝，使对方不得逃脱。

动作：

1. 提袍甩袖：接上动，身体向右转体 90 度，右手翻掌手心向下（图 7-1），从腹部到体侧，同时左手内旋砍掌（图 7-2）。左脚提膝内扣，成独立步，同时左手手心朝下从左膝外侧如裙摆拦下，右手从后向前向上托掌（图 7-3）。

图 7-1

图 7-2

图 7-3

2. 裙拦：接上动，左腿随身体下蹲成左丁步，右掌外翻成亮掌，向右前方斜上按出，左手变勾手，双臂如挑担，身体微左转，目视左前方（图 7-4）。

图 7-4

要点：勾挂砍掌要与转体同时完成，双手不离中线。

易错：动作僵硬，上下配合不协调。

下摆裙拦上砍掌，攻上防下膝出奇。

八、雀地龙势

第八势

释要：一说却地龙，扁身却身为红拳之重要身法，是藏匿躲避不使觅见的意思。猫扑狗闪猴身法，雀地龙势是由高出变为低入的低行身法，仆步往下走伏挺之势。

动作：

1. 转身左右穿掌：上动不停，碾步转身，左手抱拳收于肋间带口，右手跨腿抱拳收于肋间带口，提右膝成金鸡独立势（图 8-1）。右腿向前落步，左手从怀中内旋肘搓肋穿出，手心朝上（图 8-2），随翻手手心朝下扯回右胸前，同时右手从怀中内旋肘搓肋穿出，手心朝上，目视掌尖（图 8-3）。

图 8-1

图 8-2

图 8-3

2. 返身雀地龙：右手翻掌变为抿字勾，左掌随身体左转，左腿前跨成左仆步，左手落下贴在腿内侧，手心朝内穿于左脚面，目视前上方（图8-4）。

图 8-4

要点：穿掌过程中要三尖相照，转向左方时伏身要低，右手抿字勾，勾尖向上。

易错：动作僵硬，仆步身体未前俯。

雀地龙下盘腿法，前揭起后加横拳。

九、掏腮势

第九势

释要：掏腮，全名鲤鱼掏腮，是红拳著名的刁打手法之一。后手走内勾外挂，作用于对方的臂膀；前手作用于对方腮部，给对方一个侧托劲。掏腮手加倒插步时，往往兼抹脖的摔法，走的是倒刹的劲力。

动作：

上动不停，左手从下往上揭起，手心朝上，左仆步变为左弓步，右手变拳收回肋间带口（图9-1）。右脚击步，左脚前落，左手外旋挂手，同时上右步，右手做掏腮动作（图9-2）。

图 9-1

图 9-2

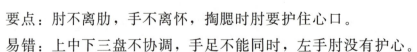

图 9-3(反面)

要点：肘不离肋，手不离怀，掏腮时肘要护住心口。

易错：上中下三盘不协调，手足不能同时，左手肘没有护心。

出拳先向面上绕，外防内托鱼掏腮。

十、缠腰横势

释要：缠腰横其实应该叫横缠腰，是红拳中击打对方腰部的打法之一。红拳击打对方腰部的方法分为拦腰、缠腰和戏腰。拦腰是单一的横打动作，阻碍对方的前进路线；缠腰是打一个回环动作，取"如环缠腰"之意；戏腰有抓捏与顶掐的动作，是破解擒打及摔打之法。

动作：

上动不停，右肘随身左转滚肘内旋，右手随之左旋猫洗脸（图 10-1）。左手从右肘下往上擢挂，捋挌对方手臂，同时偷左步于右腿后，左腿膝抵于右腿膝窝，右手随步从怀里向下向前横击，如铁锁横江，目视右手（图 10-2）。

图 10-1　　　　　　　　　　　　　图 10-2

要点：右手猫洗脸与左手擢挂同时进行。

易错：步子不稳，身体不协调。

外挂捋挌接手强，滚肘洗脸横锁江。

十一、翻身斩势

释要：斩为红拳中著名的身法打法，身走大蟒翻身，手走轮劈拦斩。

动作：

接上动，双脚碾步，身体向左后翻身180度，同时左手向后做180度搂劈（图11-1）。随转身右拳经左耳弧线劈出做翻斩，两腿半蹲成扭步，目平视前方（图11-2）。

图 11-1

图 11-2

要点：左手搂劈同翻身同时进行。

易错：三盘动作不协调，转身动作不干脆。

碾步翻身回马刀，左劈右斩强中强。

十二、揭抹捅斩势

释要：红拳抹闯类拳法，硬开门之经典动作，取斧头破硬柴之势。揭上抹下前捅翻斩，连环一条线。

动作：

1. 揭手：接上动作，上右步成右弓步，左手同时勾挂掳捋至身体左侧后，右手同时从毛际（耻骨）前揭。先手心朝上再变为手心朝下（图 12-1）。

2. 抹手：上动不停，右手翻为手心向上，再翻为手心向下，左手向前顺右手臂上交叉，手心向上，待右手落于左手腕下时，上左步双手大捋于体前成抹势（图 12-2），手心向下，双手分击两大腿面。

图 12-1

图 12-2

3. 捅捶：上动不停，右肘贴肋，右手沿中探膀滚出，拳心向里为立拳，左手合击于右肘弯处，拳心向外（图 12-3）。

图 12-3

4. 斩捶：上动不停，右拳变掌下落拍击右大腿面，同时左手翻手划眉下落拍击左大腿面。右手提起从左耳弧线翻斩，左手向上迎击右小臂（图 12-4）。

图 12-4

要点：揭要开肩撒膀，抹要双手照应，捅捶探膀顺肩，斩捶耳后翻滚，弧线力斩，双手交替封门，不敞胸露怀。行进间护中击中一条直线，拳步转换要连环不断，打出密不透风的气势。

易错：三盘动作不协调，动作不连贯。

左挂右揭奔鼻梁，无敌抹手在胸膛，捅捶猛钻是真传，搂劈滚斩艺高妙。

十三、绷子腿势

第十三势

释要：绷子腿取上下同击之势。

动作：

上动不停，右腿往前往上高踢，脚尖勾紧，大腿绷直，力至脚跟。左手掌从右臂下向前，掌背掸过脚背，右手翻手向下回撤，从腹股沟划向体后，成勾手（图13-1）。

图 13-1

要点：向前正踢，双腿要直，左腿要立足如钉，要稳。

易错：上下盘动作不协调、不流畅，两手和腿不同步，重心不稳。

左手先向面上绕，绷子腿足蹬无情。

十四、锁口捶势

第十四势

释要：锁口捶是红拳套路中为数不多的横击性打法，发力时手臂如棍之搬点，所以一般说是搬锁口。

动作：

上动不停，右足向前落地上步，左手翻掌向下向后落于肋下，同时右拳随步向前快速横击，左手向前迎击于右拳食指第三骨节，左脚上步，丁步于右脚里侧(图 14-1)。

图 14-1

要点：力发于肩，要求力矩短，动作干脆、利索。

易错：发力不脆、不整。

锁口捶拧身翻拳，外防内打怀中抱月。

十五、捧子势

第十五势

释要：捧子为红拳短打法，分为立捧子和横捧子，为肘部捧撞逼捺之法，多为连环势之变化法，力点在手部，为捺手。

动作：

接上动，左手滑至右手腕处，右臂顺时针翻转向左前方翻斩回拉，同时左脚后退半步，右脚随左脚退后，身体重心后移（图 15-1）。

图 15-1

图 15-2（反面）

　　上动不停，右脚上前，左脚跟进，同时进身捧肘，身催臂，臂催肘，身下蹲(图 15-3 至图 15-6)。

图 15-3

图 15-4(反面)

图 15-5

图 15-6(反面)

　　要点：右小臂翻转时，有挂腮划肩撇斩之意。

　　易错：退步不稳，跟步不紧，上下盘动作配合不紧凑，捧肘时用手推不用身劲。

　　退步劈揭三盘齐入，沉香势推倒泰山。

十六、迎面贴金势

释要：迎面贴金是红拳常用手法之一，为避中走偏、侧门进击、单掌扑面之法。

动作：

接上动，左脚斜上，左手收回腰间，右手斜向前方护裆（图16-1）。右腿上步迈外跤，上右手挂肘外拦（图16-2）。

图 16-1

图 16-2

上动不停，进左步同时左手仰手砍掌翻阴手搂按（图16-3、图16-4）。右手向前击出，同时重心随右手前移成左弓步，目视前方（图16-5）。

图 16-3

图 16-4

图 16-5

要点：右手捋捊抓带要猛，左掌下按要有力，右掌力点要准确。

易错：动作不连贯，力点不准确，容易脱肘截手。

你行当面我行旁，侧转迎面铁扇子。

十七、卸手抱头势

第十七势

释要：卸手抱头为红拳贴身短打用法之一。

动作：

接上动，双脚不动，右手向外旋转回拉至肋间带口，左手往外卸打（图17-1）。右手回环贯击左手心，同时右脚上前和左脚并步（图17-2）。

图 17-1

图 17-2

要点：动作要求干脆利落，卸手要快，击掌声音要响亮。

易错：动作不连贯，击掌声音不响亮。

虎抱头手不离腮，挂手侧击太阳穴。

十八、燕子穿帘势

第十八势

释要：燕子穿帘为红拳上惊下取、偷步低进之法，燕子名其灵，穿帘形其巧，是一个重要的进身之法。

动作：

接上动，身体右后转，右脚向前方开步，同时右臂反背捶向后击出（图18-1）。

图 18-1

图 18-2（反面）

上动不停，左手经头顶向右盖按，右腿向前进步，右手从左肘弯内穿掌，目视右拳（图18-3、图18-5）。

图 18-3   图 18-4（反面）

图 18-5   图 18-6（反面）

上动不停，绽开偷步，右脚进步，右拳上冲（图 18-7）。

图 18-7

图 18-8（反面）

上动不停，左腿前进经右脚内侧左转回身，右手变勾手，手心朝上（图 18-9、图 18-11）。

图 18-9

图 18-10（反面）

图 18-11

图 18-12（反面）

要点：穿帘回身时，身体下蹲，重心降低。

易错：动作不连贯，上下盘动作不协调。

翻身背捶偷步冲，燕子穿帘轻灵妙。

十九、拦斩捶势

第十九势

释要：拦斩捶为红拳最基本的入门打法之一，一手拦，一手斩，连环不断。进为硬开门，退为败势捶。

动作：

接上动，左脚向前上步，左手向前拦挂，右手握拳经胸前从左耳后提起向前劈斩，身体左转成半绞花步，左手迎击右臂，目视前方（图19-1、图19-2）。

图 19-1

图 19-2

要点：翻臂转身要快，击打要响亮。

易错：双臂不合，敞胸露怀。

左拦右斩势凶猛，青龙却身妙中妙。

二十、二起脚势

释要：二起脚是红拳中最常用的腾空腿法之一。

动作：接上动，身体左转，右脚前踩，右手从下向前往上向身后旋臂挂额（图 20-1）。左手上扬，向左额头上方叫手，右手从下往上以拳面击打左手心，同时左腿往前踢起（图 20-2）。

图 20-1

图 20-2

上动不停，右腿猛蹬地面，全身纵起，右脚向前尽力踢出，右手拍右足面，目视右手（图 20-3）。

图 20-3

要点：腾空要高，力点准确，击打响亮。

易错：两手乱抢，腾空动作松散。

二起三脚快步前，小抢叫手虚中实。

二十一、钉膀捶势

第二十一势

释要：钉膀捶是红拳打防合一的重要手法。"好汉经不住三手卸"，一是卸腕，二是卸肘，三是卸膀，其中的卸膀指的就是钉膀捶。

动作：

1. 抹手：接上动，双脚落地，右脚在前，左脚在后，右手扇下翻上，左脚向前，左手心朝上搓右胳膊上方，两手翻手抹下，左脚同时落地，成左弓步（图 21-1）。

图 21-1

2. 左右钉膀：上钉咽喉，中钉心，下钉阴。上动不停，左手勾挂，右手钉捶，斜向左前方钉出，右脚跟步成连枝步，目视右臂（图 21-2）。

图 21-2

　　上动不停，进右步收右手，侧身换膀，左手从右手腕上斜向右前方钉出，同时左脚跟步（图21-3）。

图 21-3

　　上动不停，进左步跟右步侧身换膀，右手从左手腕上向前正中钉出，高与咽喉齐平，左手收于右臂下（图21-4）。

图 21-4

上动不停，右脚不落地直接进步，同时收右拳，左手自右肘下钉心胸（图 21-5）。

图 21-5

上动不停，落右脚跟，左脚蹲身钉裆（图 21-6）。

图 21-6

要点：手臂动作要同侧身换膀相结合，手随身动，身随手转，前手钉捶，后手成凤眼拳，抿字勾，有勾挂意。

易错：脚下步点不清，躯干同四肢配合不顺畅。

侧身换膀身步灵，钉膀捶钻靠近身。

二十二、指裆捶势

释要：指裆捶是红拳惊上取下的重要技法之一。

动作：

接上动，身体向左拧转 90 度，提膝拎手（图 22-1）。左脚落步为左弓步，左手同时向前向上扬手勾挂。右手向左手掌心旋击，拳背朝上，左手在右手腕上，两手落于左膝前，高与裆平（图 22-3、图 22-5）。

图 22-1

图 22-2（反面）

图 22-3

图 22-4（反面）

图 22-5

图 22-6(反面)

要点：左手劲达手背，右手劲至拳面。

易错：右手向上撩击。

开拳先向面上绕，不防之处下无情。

二十三、燕子嗛泥势

释要：燕子嗛泥是红拳盘功动作之一。

动作：

上动不停，身体右转，右手掠过左肩，于额前划过，向右侧下轮，落于胯后，同时左手从膝前向左向上随着身体向右倾压轮向右前方，右手臂向左向后向上轮，双臂轮向体后成勾手（图23-1、图23-2）。

图 23-1

图 23-2

上动不停，腰胯向左拧转，右臂以拳背击地，成右仆步（图23-3）。

图 23-3

要点：整个身体松而不懈，运动中以腰带臂，注重弓步与仆步的转换和两臂反举的能力。

易错：动作僵硬，双臂轮环不流畅。

利斧劈山力沉猛，燕子嘬泥柔软美。

第二十四势

二十四、挎剑腿势

释要：挎剑腿是红拳腿法之一，其特点是手腿配合，一马三箭，惊上打下取中。身法上有起伏，步法上有变化。

动作：

上动不停，向右拧转直立，右臂从腹前护心提起，右手向右侧拦手，右腿随之拖上（图24-1）。右手勾挂落于肋间带口，同时左手撑出砍掌（图24-2），并往左胯下勾挂，右手插肋从怀里经左肘弯向右上撑掤，身体落步成歇步（图24-3）。

图 24-1

图 24-2

图 24-3

上动不停，起身将左腿向前用力侧踹，快速收回，成金鸡独立势（图 24-4、图 24-5）。

图 24-4　　　　　　　　　　　　　　　图 24-5

要点：落身起身要稳，踹腿要快速有力，踹腿力点在脚外沿。

易错：起落不稳，踹腿力点不准。

连发三招人难防，拐剑腿用在中央。

二十五、双飞燕势

第二十五势

释要：双飞燕腿法之双摆莲。

动作：

接上动，左脚向前落地，叫手（左手腹前甩起向外背掌，右手立拳追击左掌心）（图 25-1、图 25-3）。

图 25-1

图 25-2（反面）

图 25-3

图 25-4（反面）

　　上动不停，双手回环降身沉臂歇步，挑腕托掌，双掌交叉于右耳侧后（图 25-5）。

图 25-5

图 25-6(反面)

上动不停，起身摆莲腿，双手拍击脚面（图 25-7、图 25-9）。

图 25-7

图 25-8（反面）

图 25-9

图 25-10（反面）

要点：起身落身要稳，踢腿要快速有力。

易错：踢腿力点不准，打不出双响。

横摆脚面连声响，直踢对方腰背间。

二十六、伏虎势

释要：伏虎势取猛虎伏身回头之意，是红拳中顺步退让回击之法，能破凶猛骄横之敌。

动作：

接上动，右脚向斜前方落成右弓步，同时身体左转，右手从里向外甩手勾挂到右肋间带口，左手随身体转动向怀里裹栽，拳面击于右膝盖，同时右手从右耳后贯于额前，拳面向里（图 26-1、图 26-2）。

图 26-1

图 26-2

要点：两臂甩裹要随身动，转体要用腰劲。

易错：躯干四肢配合不协调。

左右伏虎势威武，下采上打披身退。

二十七、三步撩阴掌势

释要：三步撩阴掌为红拳基础招法之一，有抢手(云手)绞靠的妙用。

由下而上挥曰撩，撩法杀人不用刀，出其不意何须怪，同动近取最为高。

动作：

接上动，身体右转，左脚合于右脚旁，双拳变掌(图27-1)，脚不落地向左前方横跨而出成左弓步，左手向左上方绞掤，右手撩阴掌(图27-2)。

图 27-1

图 27-2

上动不停，右腿随右手上撩旋起，合向左足，足不落地即进步，向右前方成右弓步，同时右手向右斜上绞起，左手向右前方打撩阴掌（图 27-3）。

图 27-3

上动不停，左腿跟随左手上撩旋起，合向右足，足不落地即进步，向左前方成左弓步，同时左手向左斜上绞起，右手向左前方打撩阴掌（图 27-4）。

图 27-4

要点：三步撩阴掌要步活身灵，一步一合身，一步一动膀，一动周身动。

易错：躯干与上下肢配合不协调。

绞翅亮翅正反手，不动声色把裆掏。

二十八、扑心掌势

释要：扑心掌盖势直取，打连环左右同式，中进身一往无前。

动作：接上动，重心后移至右腿，收右拳，左拳劈砸（图28-1）。身体左转，左掌勾挂，停于右胸前。同时左脚上前半步，右掌擦胁从中击出（图28-2）。

图 28-1

图 28-2

要点：劈砸击掌要有力。

易错：进步不协调，勾挂易为盖掌。

劈拳挥击如刀落，斩钉截铁有威名，道是直击臂不直，谷摇山应一齐催。

二十九、翻身包脚势

释要：翻身包脚是红拳中灵活身法之妙招。

惊上取下走起伏，翻身斩手避左右，包脚贴身旋转，腿如蟒虫过肩。

动作：

1. 偷步撩阴捶：接上动，上右步，右手掌心朝里随身拧裹，左手从右臂下向外卸手，右手臂甩出向身后撩捶，拳面朝外，左脚随右手动作，往右脚后成偷步（图 29-1）。

图 29-1

2. 回身并捶：上动不停，身体左转，左手掠地拦手，右手随身体转动，向下迎击于左掌心（图 29-2）。

图 29-2

3. 翻身斩手包脚：上动不停，身体继续左转后翻，左手抡转反劈，右手从心口提起，经右耳斜斩于小腹前，随着右手斩落，起右腿打里合腿，击于左掌心（图 29-3）。

图 29-3

要点：起伏要稳，翻身要快，脚要随身起。

易错：身体不协调，立身不稳。

进中退用偷步行，指裆踢首蟒过肩。

三十、卸手顶心肘势

第三十势

释要：红拳高家门讲，偎身靠子顶心肘，迎面打人六合手，打肘进步顺进制敌，宁挨十拳不挨一肘。这将红拳技法中远拳近肘贴身靠的作用形容得淋漓尽致。盘身肘好打，顶心肘不好练，因为顶心肘为抢膛之法。一寸短，一寸险，顶心肘抢的就是拳差一线之机。

动作：

接上动，随着右腿下落进步，右手向前撩绕，左手往后撒膀（图 30-1）。

图 30-1

上动不停，左步上前，右手勾回，左手向前顺右手向上交叉，双手于身前成抹势（图 30-2）。

图 30-2

上动不停，左手勾挂回，右手变拳捅出，左手合击右肘弯（图 30-3）。

图 30-3

上动不停，右拳拧转而回，左手从右肘外向左前方卸打（图 30-4）。

图 30-4

右脚跟步踢蹉往前落步，右肘盘心而出，与左手相击于胸前（图 30-5）。

图 30-5

要点：卸手要快，步法要连贯，击肘要响亮，肩部要松沉，借助腰胯力量顶击。

易错：身步不协调，进步不稳，击肘不能同时到位，未将肘尖向上顶送至水平。

卸手开门，进步顶肘，肩沉腰催，贴身而发。

三十一、回身踩子势

第三十一势

释要：回身踩子是红拳回身打法之一，手脚配合，上撩下踢同打回身势，其后手如猴竖尾，其前手如雀啄米。

动作：

1. 偷步穿掌：接上动，右手翻背捶，左脚向右腿后偷步（图 31-1）。

2. 回身踩子：上动不停，身体向左拧转，右手从上翻下变抿字勾，左手随转身拦挂（图 31-2）。

图 31-1　　　　　　　　　　　　　　　　　　　图 31-2

上动不停，左手左脚同时向前撩踢，掌心向上（图 31-3）。

图 31-3

左脚落右膝上，左手从面前向右肩裹划，再经腹前向身体左侧前挑掌，并随左脚向前落地，屈臂向颌下回护，同时身体调整重心成麒麟步(图 31-4)。

图 31-4

要点：手脚同时起落，跥子势胸要压低。

易错：手脚不协调，落步不稳，定势不定。

手撩脚踢横拳肘，龙盘虎踞跥子势。

三十二、张飞擂鼓势

第三十二势

释要：双捶横起横落、闪横拗步，手合身步双横斩。可连环使用，首尾衔接。

闪横拗步脚上前，左右压进双横劈。挨靠紧追休脱手，会使斜横抢半边。

动作：

接上动，身体左拧转，左脚不动，右脚碾步，双手变捶从右往左横击斩。左手手心朝下，右手手心朝上，两手心相对(图 32-1)。

图 32-1

上动不停，身体向右拧转，右腿提脚上步，双捶翻转从左往右横斩。左手手心朝上，右手手心朝下，两手心相对（图 32-2）。

图 32-2

上动不停，上左步，双捶手心朝下上提齐眉高（图 32-3），上右步，双捶翻捶下砸，两拳心朝上（图 32-4）。

图 32-3

图 32-4

要点：双手阴阳相合，起落利索有力。

易错：步子变换与双臂劈斩不协调。

播鼓势左右压进，近他手横劈双行。

三十三、进步巴掌势

第三十三势

释要：进步巴掌是红拳著名手法之一，为身手相合、走步迈跤、轻招快取之主要法门。

动作：

接上动，身体左转，左脚向前斜迈，右手指裆击阴（图 33-1）。

上右步往左前方开步，右手向外背掌（图 33-2）。右转身上左步，右手勾挂扯回，左手扇掌（图 33-3）。右腿往左腿后偷步，双手向前同时扇掌，合力于胸前（图 33-4）。

图 33-1

图 33-2

图 33-3

图 33-4

上动不停，上左步并右步，双手往两边展击（图33-5）。

图 33-5

上动不停，身体右转，右脚向前斜迈，左手指裆击阴（图33-6）。走左侧
进步扇掌，左右同式（图33-7至图33-10）。

图 33-6

图 33-7

图 33-8

图 33-9

图 33-10

要点：双手协调，舒展利落，手轻身灵。

易错：手眼身步不协调。

以横破直真巧妙，四两能破千斤力。

三十四、放炮势

释要：放炮是红拳的标志性动作之一，击膊附髀，左斩右撑，右斩左撑，左挂右斩，右挂左斩，掳托拍抹，翻花舞袖，以身为尺，度量对手。

动作：

1. 接上动，左脚向左开步，成左弓步，左手掌心由外翻下，同时右手向左侧贯击，双手向下迎击于膝前方，高与裆平（图34-1）。

接上之力，右手千把攥，左手搭在右手腕上，右手随身体右转拽回右腰带口（图34-2）。左手顺右手向前塌出（图34-3）。右手向前，左手收回附于右胳臂上（图34-4）。

图 34-1

图 34-2

图 34-3

图 34-4

　　2. 十三响：右手翻捶下落拍击右大腿面，左手前撑抹下拍击左大腿面，同时右手提起至右耳，双手相迎，右手臂斩落左手心（图 34-5）。左拳顺右手腕击出，右拳收回至左肩（图 34-6），身体右转，左手收回拍击左大腿，右手拍击右大腿，同时左手提起至左耳，向右侧弧线斩出，右手迎击左臂（图 34-7）。左手收回至右肩，右手向前撑出（图 34-8）。右手下落拍击右大腿，左手向左侧画弧线下落拍击左大腿，同时右手臂提起至右耳，转身斩落在左手心（图 34-9）。右手收回至左肩，左手向前撑出（图 34-10）。退左步，左手回落拍左大腿，右手于身前反臂搂拦，落于右大腿面击响。同时左手臂上提至左耳斩落于右手心，目视前方（图 34-11）。左手收回至右肩，右手向前撑出（图 34-12）。身体急速向左拧转，同时左手反臂搂拦，右手护心随手臂上提至右耳，左脚蹬地右脚提起，身体纵跳转身，右臂斩落，同时左手迎击右手小臂（图 34-13）。

图 34-5

图 34-6

图 34-7

图 34-8

图 34-9

图 34-10

图 34-11

图 34-12

图 34-13

要点：动作干脆紧凑，拍击响亮，定步要稳。

易错：身体不协调，拍击不响亮。

撑斩连环硬劈柴，十三响炮镇英豪。

三十五、打虎势

第三十五势

释要：打虎是红拳中的一个技击特点很突出的动作，闪绽侧转，防中有攻，打虎势走侧觅跤，身挤肩靠，打上贯手，下打栽拳。

动作：

接上动，右腿随身体左转落地，同时左右手随向左侧撕扯下牵，掌心相对，两腿左实右虚(图 35-1)。左拳由左向外翻上，转至左额角前，拳心向上，左脚提起(图 35-2)。左腿提膝，左手过面从胸前落下，栽捶落于左大腿，同时重心前移至左弓步，右手随身左转，从肋间带口经右耳旁贯拳(图 35-3)。

图 35-1   图 35-2

图 35-3

要点：双手要协调，进步要流畅，身体拧转有力。

易错：身步不协调，拧转不合拍。

侧转闪进，防中有攻，忽开忽合，意含凶猛。

三十六、霸王卸甲势

第三十六势

释要：霸王卸甲为红拳专破背后搂抱的靠打之法，内劲抖擞，摇摆外形。

动作：

接上动，左右手同时沉肩坠肘落于两腰带口间，随即身体向右拧转，从身体两侧向上平举。同时身体左转，两手画弧，从两肩处下落至两腿，摇头摆尾抖肩，目视左前方（图36-1）。

图 36-1

要点：臂随身转，目光有神，拧腰摆胯。

易错：身手不协调，目光散乱不明，精神萎靡。

上有百枝摇，下自根茎牢。

收　势

收势

释要：收势主要为平心静气、涵气养血之法。

动作：

接上动，双臂于胸前交叉成十字手，掌心朝上（图收-1）。翻掌划眉向身体两侧展开。左脚向前，右脚并步（图收-2）。

图收-1

图收-2

上动不停，顺势两臂向两侧划弧，经腰间向前双手穿出（图收-3）。

图收-3

上动不停，双手翻掌收回腰间带口，从身体两侧划弧屈臂，两拳面相对于胸前（图收-4）。两臂外旋分开于体侧，抱拳于腰间，放松身体，平心静气，两臂自然下垂，目视前方（图收-5）。

图收-4

图收-5

要点：动作轻松、干脆、利落。

易错：动作生硬、拖沓，没有美感。

附　录　西安红拳的辉煌历程与现代传承

一、西安红拳简介

西安红拳，根植于历史悠久的关中腹地西安。西安是红拳传承与发展的核心地带，同时也是红拳传人汇聚的热土。红拳的历史可追溯至西周时期沣镐盛行的"武舞""角力"。《陕西省志·体育志》记载："红拳始于宋末元初，源于陕西一带。"明代戚继光在其著作《纪效新书》中详细阐述了"太祖红拳三十二势"，凸显了红拳技法中的"巧"字诀，强调拳法运用上的灵巧与精工。拳谱中丰富的技巧，如"撑、补、揭、抹、捅、劈、斩"等，不仅见诸古籍，亦活跃于现代武术实践之中。明清两代，红拳迎来了其发展的黄金时期，涌现了一大批传奇人物，如"三三一四"等。他们对陕西红拳的承前启后贡献卓著。

民国至现代，红拳传承未断，西安涌现出更多杰出的红拳传人，他们继续传播红拳，推动其技艺交流与提升。民间所说的"东枪西棍关中拳"中的"关中拳"即红拳。作为国家级非物质文化遗产，红拳获得了新的生命力。西安红拳文化研究会的成立，标志着红拳进入了系统发展的新阶段。通过挖掘、整理与弘扬，红拳文化得以在新时代薪火相传，并展现出独特魅力。

二、西安红拳文化研究会

西安红拳文化研究会，作为红拳这一源自周秦、发展于唐宋、兴盛于明清的国家级非物质文化遗产的守护者，扮演着至关重要的角色。它不仅是西安地区红拳保护的核心机构，而且是基于西安尚武苑武术学会，广泛联合西安十一区二县的红拳精英，形成的专业社团组织。该研究会经西安市民政局批准，具备独立法人资格，是西安市市级非遗——红拳项目保护单位。旨在挖掘、整理、传承并弘扬红拳文化，保护红拳传人。

自成立以来，西安红拳研究会始终践行"做人传艺，尊师重道"的武学精神，通过建立网站，组建表演团队，开设校园武术研究室，在全国多地设立训练基地，积极参与文化惠民、校园推广等活动，在多个重大场合，如第七届丝绸之路国际博览会武林功夫大会、第十四届全国运动会、2011西安世界园艺博览会上展现风采，有效地发展与弘扬了红拳文化。

西安红拳文化研究会坚信，红拳这颗璀璨的文化明珠必将在西安这座千

年古都焕发出更加夺目的光彩，传承之路必将后继有人，红拳文化也将愈发蓬勃兴盛。

三、讲武堂

讲武堂，作为西安红拳文化研究会的旗舰项目，自 2015 年创立以来，已成为红拳文化的标志性论坛，引领红拳步入崭新的历史篇章。在这里，武者们聚集一堂，探讨武学精髓，切磋技艺，共同提升。至今，讲武堂已成功举办逾六十期，每一期皆汇聚武林大家，他们以深邃的学识与炉火纯青的拳术表演，促进了红拳文化的交流、探索与革新。秉持"去伪存真，去粗取精"的宗旨，讲武堂倡导开放包容的学术环境，鼓励多元思想碰撞，旨在守护并弘扬红拳之精神内核。

讲武堂颠覆了传统武术教育的常态，将焦点从程式化的套路展示，转向了精妙技巧的剖析与实战策略的应用，在武林界影响深远，不仅显著提升了红拳的国际声望，而且为广大武术爱好者搭建了一个卓越的学习殿堂。至今，超过三十位武术名家登坛传道，他们的智慧火花与实战心得，犹如甘霖，滋养着红拳文化的沃土，为其传播与发扬注入了蓬勃生机。

展望未来，讲武堂将继续致力于武术文化的深耕与普及，推动红拳功夫的标准化、拳术演绎的规范化、理论体系的知识化、搏击技能的现代化，让红拳文化在更广阔的舞台上绽放异彩，成为中华武术瑰宝中一颗璀璨的明珠。

四、传统红拳三十六势法培训班

西安红拳文化研究会在 2016 年实施了一项具有里程碑意义的举措，即邀请了西安地区 30 多位红拳名家，通过深入研讨，精选出 36 个标志性的拳势，并以此为基础，创编"传统红拳三十六势法"。这套拳法的编排工作由西安体育学院王静教授主持，文字部分由陕西广播电视台记者程天德撰写，视频资料也由专业人员摄制，以为红拳的传播提供权威教材。

2017 年 5 月，研究会在尚武苑红拳培训基地正式启动了首届"传统红拳三十六势法培训班"。培训班得到了陕西省武术协会、西安市武术协会及各级武协领导的高度重视和支持，还吸引了 43 名年龄跨度从 15 岁至 65 岁的学员，充分展现了红拳的广泛吸引力和跨代际影响力。

2018 年 5 月，研究会再次举办首期教练员培训与武术段位考试活动，重点聚焦于"十大盘"与"传统红拳三十六势法"的教学与演练。这次活动旨在强化教练队伍，提升教学规范性，推动红拳教育中的段位意识的形成，为武术的普及打下坚实基础。此次活动共有 50 余名教练员参与，反响热烈。

综上所述，通过"传统红拳三十六势法"培训班，研究会不仅在技术层面上规范了红拳教学内容，提升了红拳教学质量；而且在文化层面上促进了红拳的广泛传承，为红拳在当代社会的传播与活化探索出一条有效的路径。

五、2018 红拳规范套路汇报展演

2018 年，西安红拳文化研究会成功举办的红拳规范套路汇报展演，是弘扬传统武术文化、推动非物质文化遗产传承的又一壮举。此次展演吸引了西安市各区红拳文化研究会训练基地、传习所组织的 26 支代表队、近 200 名红拳传承人积极参与，其中有五六岁的小学生，也有六七十岁的老拳师，显示出红拳文化的深厚群众基础与跨代际传承。

活动以开放的姿态向公众展示红拳魅力，旨在普及与推广红拳文化，促进相互学习与交流。时任国家武术散打队总领队、陕西省武术协会常务副主席的田苏辉等领导来到现场，代表相关机构对西安红拳文化研究会近年来的工作给予了高度评价，并对所有参与者表示热烈欢迎和衷心感谢。西安红拳文化研究会会长柴文魁在活动中强调，结合"保护为主、抢救第一、合理利用、传承发展"的非遗保护方针，研究会通过设立训练基地，深入挖掘整理

红拳文化，规范了"传统红拳三十六势法"等核心套路，以此为基点，规范了十大盘、小红拳、四门捶、炮捶、梅花拳等，为红拳的标准化教学提供了基础，为普及武术教育及校园武术推广打下了坚实基础。

通过此类活动，西安红拳文化研究会有效推动了红拳文化的传播，为红拳的保护、传承与发展注入了新的活力，为红拳文化的薪火相传创造了良好环境。

六、红拳进校园进社区活动

西安红拳文化研究会响应国家体育总局与教育部普及武术的号召，积极推进"非遗"进校园，武术进社区活动，旨在让传统武术红拳这一国家级非物质文化遗产在青少年群体中焕发新的活力，实现传承与发展的双赢局面。红拳进校园的活动在西安市八十一中学、西安建筑科技大学等多所学校开展，由红拳表演团进行展示，同时选拔优秀教练员对体育教师进行红拳基础套路的培训，为武术课程的正规化教学打下良好根基。

二十世纪六七十年代以前，红拳在陕西城乡普及程度极高，是民众普遍的健身娱乐方式，与传统节日、秦腔表演紧密融合。如今，西安红拳文化研究会在此基础上，进一步将红拳带入社区，让更多民众能便捷接触和体验武

术带来的健康益处，同时也丰富了社区文化生活。在蓝田县蓝关街道、长安区赤拦桥村等地的展演，让民众近距离感受到武术的魅力，感受到中华武术文化的博大精深。

这些举措促进了武术的全民化、生活化，使得武术不仅作为一门艺术与技艺，而且作为一种生活方式融入民众的日常，促进其身心健康，提升其文化自信，进而为构建和谐社会做出实质性贡献。

七、红拳代表性拳师

西安地区有不少对红拳文化与技艺有着深刻理解和卓越贡献的武术大师。

兴志孝

兴志孝(1904—1989 年)是雁塔区曲江街道新开门村人，自幼便展现出对武术的热爱。1932 年拜杨师为师，后又拜杨天成、王江海为师，学习陕西红拳和器械。1942 年又师从"神腿"李万，学习通背功、地躺腿、六合枪。后以通背功、地躺腿、六合枪的功夫闻名遐迩。他将武术教育视为一种生活哲学，其武学修为与武德修养备受尊敬。

张悦侠

张悦侠(1912—2009 年)，西安人，被誉为"三秦红拳泰斗"。他自 10 岁起习武，师从卜忠信，后又在东关朱耀亭、岳王洞张鸣岐等多位大师处深造，尤其对红拳有着高深的造诣。他创编了多种拳械套路，撰写了多篇拳诀文章，挖掘整理红拳古套，为红拳的传承与发展作出了巨大贡献。

韩炳章

韩炳章，字双梁(1904—1986 年)，雁塔区长延堡街道瓦胡同村人。早年随多位拳师习武，终在高桥李万处得其内五行功夫精髓，以快速敏捷闻名，得"快手韩炳章"誉。韩先生一生致力于武术传播，弟子众多，足迹遍及省内外。

周润生、薛崇安、柴文魁

周润生、薛崇安、柴文魁等亦是红拳文化传承的重要代表人物。周润生，精于实战武术，通晓红拳、太极拳、散手等，以"妙手周胡子"著称。

薛崇安自幼随田汝新习练红拳，后又得兴志孝等师教，系统地掌握了红拳体系，为红拳传承贡献了力量。柴文魁师承多位名家，酷爱红拳，颇有造诣，现任西安红拳文化研究会会长。他主导红拳申遗，强化传承意识，创立"讲武堂"，推动红拳普及与发展。

周润生(右)

薛崇安

柴文魁

　　这些代表性拳师不仅在武术技艺上各有千秋，而且在武德修养上树立了典范。他们使得红拳文化传承有序，绽放出更加璀璨的光芒。

后　记

当《传统红拳三十六势法》一书终于定稿的时候，我们内心的感触无法用言语表达。此时此刻，我们不禁回想起过往，怀念起那些逝去的良师益友，特别是张公悦侠先生。

提起张悦侠先生，西安武林界可谓无人不知。他是"三秦红拳泰斗"、"陕拳大家"和"武林楷模"。对于我们这些受过他教导的人来说，他不仅是严师、慈父，更是我们的领路人。

张先生自 10 岁起习武，师从卜忠信、朱耀亭、张鸣岐等红拳名师，并跟随陕拳名家王江海、李万、孙兰亭、杨瑞轩、陈建荣、尚志英等学习。他还兼习形意、太极、八卦、八极、秘宗岳氏连拳等技艺，博采众长，精研深究，最终自成一家。张先生先后创编了侠拳、侠棒、雁腿、鹞掌、虎尾鞭、龙出洞等二十余种拳械套路，挖掘整理了八十余种红拳拳械套路，并写有《陕拳打法要言》《陕拳诀语》《陕拳八字诀》《传武箴言》《习武三字经》《论桩法盘口之法》等文章，流传后世。今天的西安红拳文化研究会正是由他在 2006 年创立的"西安尚武苑武术学会"发展而来的。

数十年前，张先生曾与兴志孝、贾子富、李仕杰等同道名师共同编撰了一本名为《岐山师予鸣》的拳谱。如今，我们继承先生的技艺，遵循他的教诲，创编了《传统红拳三十六势法》，作为对他的最好纪念。

本书在西安红拳文化研究会会长柴文魁的主导下，由西安体育学院王静教授和韩山师范学院体育学院温博教授担任主编，程天德先生执笔。在此过程中，我们得到了高惊元、靳根省、王从兰、张文秀、韩胜利、王长利等人的关怀与支持，他们提出了许多宝贵的意见。同时，还得到了于大平、王治武、王良、王英杰、李选哲等人的大力支持，他们为本书的编撰提供了演练及讨论的场所。此外，张育安、李克强、魏来保、张民生先生在资金方面给予了大力支持，李保存、王小燕先生在前后奔走协调上也付出了大量心血。在此，我们一并表示衷心的感谢。

《传统红拳三十六势法》不仅是对张公悦侠先生的致敬，也是对红拳文化的传承和发扬。我们希望这本书能让更多的人了解红拳，学习红拳，传承和发扬红拳精神。红拳不仅是一种武术，还是一种文化，一种精神，一种无形的力量，能够启迪我们的心灵，激励我们前行。

红拳文化的传承和发展需要每一个人的努力和付出。我们希望更多的年轻人能够加入红拳的学习和研究中来，将这一宝贵的文化遗产发扬光大。同时，我们也希望社会各界能够给予更多的关注和支持，为红拳文化的传播和发展提供更多的帮助。

西安红拳文化研究会将继续努力，不断深入挖掘和整理红拳文化，编撰更多有价值的书籍和资料，举办各种形式的红拳交流活动，推动红拳文化的传承和发展。我们相信，在大家的共同努力下，红拳文化一定会迎来更加辉煌的明天。

最后，再次感谢所有为本书的编撰付出心血和努力的朋友。没有你们的支持和帮助，这本书不可能顺利完成。让我们共同期待《传统红拳三十六势法》能够在传承红拳文化、弘扬中华武术精神的道路上发挥更大的作用。

西安红拳文化研究会

2024 年 5 月